展望

一起重塑 | 1999-2024 **25**

一起展望，共同重塑

1999年，埃森哲全球季刊Outlook中文版《展望》创办。在接下来的这四分之一世纪中，《展望》见证和记录了技术颠覆和经济全球化的里程碑，并为企业提出变革转型的洞察和建议。这其中最具深远影响的莫过于中国加入WTO后的经济腾飞，以及数字技术的颠覆式创新。我和埃森哲的同事们都有幸成为这其中的一部分，与有荣焉。

"明者因时而变，知者随事而制"，我们祖先的智慧依然适用于这个持续变化的时代。当今世界正经历前所未有的变革。生成式AI等新兴技术迅速发展，正在深刻改变生产和生活方式，重塑工作、组织和社会结构；与此同时，全球化日益复杂，企业运营和韧性面临全新挑战；全球气候变化则给人类的生存环境和社会发展带来严峻考验。面对这些挑战，企业变革步伐必须加快，唯有不断调整方能应对各种变化。

在各种不确定性当中，数字化转型已成为企业的共识和确定事项。2024年埃森哲发布的中国企业数字化转型指数显示，中国企业在应对各种变化时，不仅专注于优化运营，今年还特别关注增长和创新，希望寻求新的发展机遇。企业放眼长期，回归本质，分析不确定性中那些相对确定的重要趋势。《展望》一直立足于看得更远，并提出可实践落地的主张建议。在这期25周年刊上，我们提出在持续变革之中实现企业成功的十个关键维度，寄望可以帮助企业重新审视自身定位，寻找未来的发展路径。

创新是企业持续发展的动力，而可持续则为创新提供了新的方向。在《绿色为先：立足普

埃森哲全球副总裁
大中华区主席

朱 虹

惠性创新,拓展绿色商机》探讨了企业如何通过创新推动可持续发展,并将其融入人们的日常生活,从而保持行业领先地位。

　　CFO的角色在企业重塑过程中也变得愈发重要。凭借对价值创造和风险管理的独特洞见,CFO被视为领导变革的理想人选。《CFO新要务:力破颠覆困局,开辟价值之路》分析了CFO在面对颠覆新常态时,如何平衡现有价值保护与长期价值创造,推动企业未来的成功。

　　生成式AI的兴起开启了一场人机双向奔赴的生产力革命,势必推动全新商业增长。人工智能不仅是一项技术,更是一种全新的工作方式。如果要充分释放人工智能的潜力,企业必须制定以生产力和增长为核心的战略,并将其深度融入业务的每个环节。《生成式AI时代的工作模式、工作组织、工作者》和《生成式AI时代需要何种领导力》分别从人才管理和领导力角度,剖析企业如何在新时代转变思维,重塑组织架构。

　　随着技术和创新推动新质生产力的提升,企业面临着前所未有的机遇。未来的成功企业不再依赖传统商业模式和路径,而是通过技术、人才和创新的有机融合,从内而外全面重塑,创造企业和社会价值,实现可持续发展。

　　让我们一起展望,共同重塑。

卷首语

贺序

上海交通大学出版社社长

陈华栋

在这个值得纪念的时刻，我们怀着喜悦的心情，庆祝埃森哲旗舰出版物《展望》创办二十五周年。这份由全球领先的专业服务公司埃森哲出品的系列出版物，自1999年诞生以来，以其深邃的洞察、前瞻的视角和对商业变革的敏锐捕捉，日益成为众多企业管理人士的思想前哨和战略指南。

二十五载春秋，虽然在历史长河中只是短暂的四分之一世纪，但人类却在此间经历了最瞬息万变的革新和变化。从数字革命的曙光初现，到全球化浪潮的汹涌澎湃，再到人工智能的飞速发展，我们见证了科技发展的辉煌成就，也亲历了经济风云的跌宕起伏。在这样一个挑战与机遇并存的时代，一份能够提供深刻见解、分析趋势，并给出切实建议的出版物显得极为重要，正是在这样的背景下，埃森哲《展望》应运而生。二十五年来，它始终站在商业趋势的前沿，搭建了一个全球商业领袖的交流平台，其间影响力也与日俱增，使得宝贵的知识和见解能够触及更广泛的受众。

上海交通大学出版社有幸从2014年开始负责《展望》的出版发行工作，到今年也正好十年整。作为中国历史悠久的大学出版社之一，上海交大社一直秉承着传播知识、积累文化、服务教育的使命，致力于出版高质量的学术著作和教育图书，积极响应数字化转型的浪潮，不断探索和实践新的出版模式和传播方式，接续加强与国内外学术机构和专业团体的合作，大力推动学术交流和知识创新。上海交大社与埃森哲的合作，就是对这一理念的有力诠释。双方强强联合，利用各自的专业优势，发挥资源协同互补效应，不断寻求新的出版模式和内容形式，共同推动品牌图书的出版与市场拓展，《展望》系列便是这一合作历程的显著成果。在过去十年多达二十三辑《展望》的出版马拉松中，我们不仅解读了当下的新动能、新制造、新商界，更描绘了创新的未来，探讨了企业经营者如何推动全面重塑、化危为机、迎来良好的发展，为创造新质生产力、推动中国式现代化建设贡献智慧和力量。

当今世界正处于百年未有之大变局，我国正处于实现中华民族伟大复兴的关键时期，中国政府以更加开放的姿态，更加坚定的步伐，推动经济高质量发展。中国在推动绿色发展、数字经济以及新型城镇化等方面的努力，也与埃森哲对于可持续发展和技术创新的展望相契合。正是在这样的大背景下，埃森哲《展望》必将再创佳绩。

"同舟共济扬帆起，乘风破浪万里航。"在未来的日子里，上海交大社将继续发挥在学术出版和知识传播方面的优势，与埃森哲携手，为提供高质量的内容和深刻的行业洞察而不断努力。愿交大社与埃森哲经年累月的深厚情谊历久弥坚，不断焕发新的活力与光彩。也希望读者一如既往地支持埃森哲《展望》，继续同我们一道，探索未知，迎接挑战。祝愿埃森哲《展望》在下一个二十五年，继续扬帆远航，更加灿烂辉煌。

目录

前沿

行业

供应超级挤压时代已来

文 克里斯·汤姆索维克

提要

全球市场长期稳定且供给充足的年代已经落下帷幕，如今我们迎来了"供应超级挤压"时代。

虽然一些供应挑战在2020年前已显露端倪，但毫无疑问，全球商业环境在过去四年中骤然转变。供应超级挤压时代的特征是供应压力在三个维度不断攀升：

一是资金挤压，突出地体现在融资成本增加、信贷供应更加受限两个关键领域。尽管2024年部分央行开始启动降息，但在未来较长一段时期内，主要货币的利率依然有望显著高于新冠疫情前水平。为了防范供应冲击再度引发通胀，主要央行可能会谨慎下调利率。因为随着主要国家逐步退出量化宽松，同时全球财政赤字不断高涨，以及跨国企业对AI、碳中和承诺等大型长期项目的巨额投资需求，都为利率上行带来压力，市场甚至已经对长期利率维持在较高水平做出价格反应。另外，随着银行等传统金融机构面临更为严格的监管要求和更加激烈的存款竞争，这势必将影响银行的放贷额度，或使其实施愈加苛刻的贷款条件。企业很可能转向非银行金融机构或者私募融资，但这也意味着企业需要付出更高的融资成本。

二是劳动力挤压，人口老龄化、移民动态的变化，以及日益严重的技能错配都在加剧这一情况，企业需要创造性地获取优秀人才。尽管生成式AI这场方兴未艾的技术变革推动了对新技能和新能力需求的急剧增长，但无论是从技术经验，还是教育背景角度观察，目前的人才队伍都普遍缺乏此类技术和能力。解决这种技能错配问题需要时间和资金投入，大部分相关成本要么由雇主直接承担，要么通过提高收入预期转嫁给雇员。

三是能源和大宗商品挤压。在政府政策、监管法规和市场力量的共同推动下，能源转型正全面展开，传统能源的供给日益承压。石油和天然气投资的下滑意味着备用产能有限，而需求增长更是令重要矿产的供应捉襟见肘。同时，气候变化对全球农业生产的破坏日益加剧，供应挤压正延伸至农产品领域。2023年不仅是有记录以来最热的一年，而且洪水、野火和极端气候变化频繁发作，这些都严重破坏了农业供应链。

而且，随着全球化趋势逆转，上述三种供应压力还在不断加剧。全球生产和贸易的变化，导致劳动力、大宗商品与服务、能源和资金无法像以往那样在世界各地之间低摩擦地流动。这意味着，企业不但需要应对采购成本的上升，还必须面对一系列的制裁措施、进口配额和监管法规的挑战，运营的复杂性与日俱增。

所有这些变化都将对企业产生深远而广泛的影响，最显著的影响在于：

利润缩水。结构性的成本上升对企业盈利构成了明显威胁。人工成本在各项压力来源中尤为显著，员工议价能力的提高和劳动力短缺使得企业不得不支付更高的薪酬——特别是在自动化机会有限的行业中。与此同时，许多主要市场的经济状况趋弱，使得消费需求疲软、价格敏感度上升。最终，企业难以将更高的投入成本转嫁给消费者，这加剧了利润被侵蚀的风险。

成本波动。只要投入成本的上升稳定且可以预测，企业通常都可以为此做好计划和准备。然而，在经济、贸易保护和其他外部动态因素的综合作用下，预判价格走向变得越来越困难。这种不确定性和波动程度加剧使业务和资本规划变得相当复杂。企业需要更频繁地重新评估与修订计划和预测；同时，对冲策略和风险管理往往会带来更高的成本。

市场估值压力。利率上升和融资要求收紧，对高杠杆或资本密集型企业构成了严峻的挑战。不仅如此，这些企业或许还面临着其他维度上的成本压力。它们很可能需要着力寻求再融资或找到新的资金来源，并且利率会远超以往。

供应链管理复杂性。在利率上升、贸易保护主义抬头和市场分裂化日益加剧的宏观背景下，供应链管理正变得更加复杂。在制定库存战略方面，企业面临一个越来越难以权衡的问题，既要通过精简库存和适时交付最大限度地降低库存成本，又要"以防万一"建立预防性库存。同时，面对着贸易保护主义的抬头和交易不确定性的增加，企业若想厘清所有层级的供应商，及其各自的风险和相互依存关系必将越来越困难。这要求企业通过重新评估供应链的脆弱环节、重新构想压力测试流程和情境，并提高敏捷性，来应对更频繁的全球供应冲击。

那么，哪些企业最容易受到影响呢？

埃森哲从整体视角出发，通过资金、劳动力、能源和大宗商品以及供应链分散化这四大维度，分析了19个关键行业中，哪些行业最容易受到供应挤压的影响（见图一）。

图一 哪些行业最容易受到供应挤压的影响

脆弱程度低　　　　　　　　　　　　脆弱程度高

行业	四大维度面临供应挤压				平均净收入利润率	总体脆弱程度
	资金	劳动力	能源/大宗商品	供应链		
航天和国防					7%-8%	
汽车					6%-7%	
银行业					28%-30%	
资本市场					10%-15%	
化工					5%-6%	
通信和媒体					6%-7%	
消费品和服务					8%-10%	
能源					3%-5%	
医疗					3%-5%	
高科技					7%-10%	
工业设备					5%-6%	
保险业					4%-5%	
生命科学					10%-15%	
自然资源					3%-5%	
公共服务					无数据	
零售					2%-3%	
软件与平台					20%-25%	
旅游					3%-5%	
公用事业					7%-8%	

备注：此分析结合了来自埃森哲内部专家的定性评估并考虑了以下指标：投资级债务百分比、2028年前到期的债务百分比、员工报酬占总产出的百分比、任务的人工智能潜力、能源使用情况及供应链敏感性。

资料来源：S&P全球、美国商务部经济分析局、欧洲市场监测、埃森哲商业研究院、埃森哲战略分析。

我们的分析不仅揭示出这些关键行业普遍存在的脆弱性，也反映了行业间的巨大差异。例如，劳动力挤压对医疗保健行业的影响最为显著，因为同其他行业相比，该行业利用人工智能实现自动化的机会更为有限；通信、媒体和高科技行业通常存在更广泛的风险，尤其在当前的高利率环境下，企业面临着远超以往的估值压力，由于债务高企，且部署新技术需要大量资金，通信和媒体企业的融资风险尤为凸显，整个行业（特别是半导体行业）还将面临技术人才短缺和供应链持续脆弱的挑战，不过软件和平台企业的利润率较高，能够起到一定的缓冲作用。

为了应对结构性供应挤压，企业需要提高韧性，以战略性、整体性、长远性的思维模式，制定应对方法和培养能力。对于一些业务模式仅适应过去环境的企业，若想在供应超级挤压时代实现持续盈利，必须从根本上展开重塑。企业可以通过以下四大关键举措构建韧性：

一、彻底重塑成本并提高生产率

近年来，企业采取了各种短期手段来应对通胀冲击，但随着成本压力加剧，企业需要更持久地节约成本和提高效率。为此，企业应更加关注重复性活动的合理安排，削减与主业无关的附加项目，将资源调往利润驱动型计划，并在相关流程中部署人工智能和自动化技术。而加强债务和财务管理规范，对于顺应资本成本上升的趋势也极为必要。然而，仅仅削减成本无法达成目标，必须将财务资本和人力资本分配至最能创造长期价值之处，双管齐下重塑成本和生产率。

二、人才转型与组织创新

面对日益严重的劳动力供应短缺和技能缺口，以及工作模式的转变，企业需要重新思考如何寻找和留住人才，并升级员工技能，以保持人才竞争力和应变能力。为了在充满不确定性的世界里实现人才转型，企业必须培养一种持续、包容、多样的学习文化，并

最大限度地发挥员工潜能。此外，它们还有必要借助生成式AI来提高员工能力和生产力，同时引入以技术驱动的组织模式。

三、全面系统地规划情境

通过在整个组织中更广泛地开展情境规划，企业能够更精准地预测各种宏观经济压力对基本业务绩效、财务状况和需求的影响。企业可以据此主动制定补救措施来增强韧性，或是充分利用每种情境下可能出现的机遇。

四、打造韧性供应链

在全球化趋势减弱、供应链将更加分散的预期下，企业应采取更广泛的去风险措施，并以增强韧性为焦点，投资构建恰当的能力组合，以抵御未来危机。与此同时，企业需要不断加强需求预测模型，实现供应商多样化，包括探索离岸外包和近岸外包等机遇。

供应挤压绝非只是一次新的商业挑战，它标志着全球经济来到关键转折点。这种转变给企业带来了巨大风险，不但利润可能被侵蚀，业务、财务和供应链规划也更加复杂。营收高速增长但无法盈利的企业还将面临越来越大的市场估值压力。企业领导者需要即刻行动，部署一系列战略措施来降低这些风险，帮助企业适应崭新的供应超级挤压时代，推动企业重塑业务，面向未来长久地提升竞争优势。✎

克里斯·汤姆索维克（Chris Tomsovic）
埃森哲董事总经理、全球宏观洞察主管
业务垂询：contactus@accenture.com

联想集团：
Smarter AI for All，
开启数字化转型2.0

专访联想集团副总裁、首席数字化转型官李欣

访　姚大为、王纲、邱静
编　王若霈

2024年是联想集团第五个十年的开局之年，也是联想集团践行全新公司使命的第一年。面对AI带来的巨大变革，联想集团制定了"Smarter AI for All"的战略愿景，以"智能化变革的引领者和赋能者"为崭新使命，不断开拓竞争新前沿——不仅要通过AI全面升级产品，还将通过"端边云网智"为企业客户赋能，打造真正的AI Native（AI原生）体验。

随着"Smarter AI for All"战略的启动，联想集团不仅迎来了自身数字化转型的新纪元，也开启了一场深刻的行业变革。在这一战略指引下，联想集团如何重新定义自己的竞争优势？其数字化转型的路径又将如何铺展？带着这些问题，我们与联想集团副总裁、首席数字化转型官李欣展开了深入对话。

《展望》：联想集团从2017年启动数字化转型，相较于过去七年，2024年特别强调是开启新时代的第一年。那么，公司战略和数字化转型方面2024年有哪些突破点？

李欣：2024年是联想集团成立的第五个十年的首年。从公司战略来看，最大的机会就是AI带来的机遇，这与我们的3S战略——智能物联网（Smart IoT）、智能基础架构（Smart Infrastructure）和行业智能（Smart Vertical）非常契合。AI不仅可以全面升级联想集团产品，还可以通过"端边云网智"的新一代技术架构为各类客户赋能，提供全新的人工智能体验。

我们将全面落实"Smarter AI for All"的战略，进一步将混合式人工智能作为未来的发展方向：私有云和公共云、个人和企业解决方案的无缝、安全集成。在核心业务方面，我们的智能设备业务集团（IDG）在2024年4月发布了新的AI PC产品，它内嵌了联想大模型和智能体相关技术，我们希望AI PC未来能够成为每位用户高效工作和体验生活的强大助手。基础设施方案业务（ISG）是联想数据中心业务的重要组成部分，将提供强大的算力、网络、存储和云服务，以支持企业AI的发展。方案服务业务（SSG）未来会从联想自身出发，联想集团将成为第一个实践客户，通过内生的方式来产生经验、方法和好的组件，从而为客户提供更好的产品、服务和解决方案。

在数字化转型方面，我们未来发展方向主要有三个方面。

第一，One Lenovo（同一个联想）。我们要打造全球化的一致性客户体验，数字化技术，保证联想集团全球运营的高效、安全和稳定。

第二，支持SSG业务的高速发展。我们将加强软件和解决方案能力，以及大的集成项目的全流程设计研发交付能力。这是我们过去三年持续投入的领域，也是公司未来新的业务增长点。

第三，加速混合式AI在联想集团内部的应用。致力于把联想集团打造成AI驱动的数字化决策方案样板，同时总结方法论，服务于其他客户。

《展望》：按照目前设定的未来发展目标，联想集团现有的数字化转型的成熟度处于什么水平？下一阶段联想集团的战略重点有哪些？

李欣：从最早进行传统的信息化工作到成立数字化转型团队，联想集团开启了数字化转型1.0时代，大力建设集团数字化基础：在补齐3S（智能物联网、智能基础架构和行业智能）业务流程能力、数据和流程标准化、统一数据源、推进智能化运营管理体系方面做了大量工作。联想集团计划在2024年进一步夯实1.0基础，快速迈向2.0阶段。

步入2.0阶段，我们的目标是实现AI原生，让混合式AI推进集团数字化能力再上一个台阶。这主要体现在三个方面：

第一，为用户打造极致体验，包括外部客户、合作伙伴、内部用户等。针对外部客户，通过千人千面数字画像，践行One Lenovo原则，为客户提供联想的个性化、跨产品、全生命周期的无缝体验；同时，提升业务伙伴、供应商和生态合作伙伴等外部伙伴的全方位体验；此外，进一步提高集团内部员工的智能化体验。

第二，赋能员工，大幅提升生产效率。通过AI赋能的智能驾驶模式，我们希望最大限度地释放员工生产力。当然，这个模式不是100%没有人操作，而是减少人的直接操作，避免重复工作，赋能员工专注于创新和价值创造，从而大幅提升生产效率。

第三，孵化新型数字化业务，释放新价值。数字化能力将成为联想集团新的业务模式，以及数字业务的孵化器和增长引擎，为公司提供新的收入来源。这其中主要包含两大类：一是通过业务模式的升级，我们可以实现更大比例的数字业务和数字商业模式，如直达客户的业务，从传统的一次性购买转变为订阅式服务等；二是我们希望挖掘新数字经济的新价值点，如构建高效数据治理体系，提供高质量的数据挖掘服务等。

《展望》：埃森哲连续七年追踪评估中国企业数字化转型进程，在这个过程中，我们也在不断调整研究框架，讨论如何更全面地衡量企业数字化转型的阶段和成果。在联想数字化转型2.0阶段，联想集团的战略目标是什么？采取了哪些战略举措来实现这些目标？

李欣： 数字化转型最终还是要支撑业务增长，所以对于数字化转型部门来说，首要任务是通过数字化来支撑企业实现业务目标。

联想集团今年的具体举措包括：

第一，升级全体系变革管理。转型常常是一个系统变革问题，而不是单一的IT系统建设问题。因此，数字化转型项目不能以传统IT项目的管理模式进行，因为在后者的模式下，通常是"业务提出需求，IT给予应答"这样一个单向沟通的方式，一旦系统性变革的需求被忽视，就难以达到转型预期效果。联想集团的数字化转型强调端到端的变革管理，要求数字化转型团队和业务部门合作推动全体系变革，提升数字化建设的投资回报率（ROI）。

我们的变革项目大致分为以下几步：首先，数字化转型团队根据业务部门的想法，与其共同讨论具体的业务规划和目标。其次，使用专业的工具，对业务部门的真实需求和成本进行分析，明确到底是IT系统的问题，还是需要对流程、业务模式等进行改变，抑或是需要对组织架构做出调整。最后，项目完成后，我们还需要接受三类指标的考核，包括价值实现、使用率以及用户满意度。这三类指标会成为我们衡量每一个变革项目的重要因素。通过这些举措，我们希望能实现整个数字化建设投资ROI的大幅提升。

第二，推动混合式AI建设，实现内生外化。数字化转型2.0的另一战略举措是为联想集团全价值链的混合式AI发展做好顶层设计和落地应用。顶层设计包括计算资源、AI应用整体架构、相关组织架构，以及合规管理体系，为联想集团全价值链的AI发展提供强有力的指引和支撑。在顶层设计推出后，数字化转型团队将推动混合式AI应用的探索和落地，持续对各地区各部门提交的AI用例进行评估和迭代并持续推进，我们的目标是在年内产生双位数的用例。通过一系列的举措，联想将加速混合式AI在集团内部的应用，打造出AI驱动的数字化决策方案样板，并总结出系统性方法论，未来以此作为服务对外输出，服务我们的客户。

第三，强化数字化基因，推动持续重塑。数字化转型不是单一部门的任务，员工的数字化意识和能力培养也至关重要。为此，我们计划加大对全员的数字化变革的培训力度，到2024财年末将人均参与数字化变革培训的时长提高一倍。HR部门也正在考虑把公司各层级岗位的任职要求，按照最新的数字化能力进行刷新。此外，公司还开展了各种数字化竞赛，鼓励员工提出更多的创新想法并进行尝试，让员工真正参与到数字化转型和创新中。

《展望》：在推动端到端的变革、能力建设和全局性的企业变革时，联想集团面临的挑战是什么？如何应对这些挑战？

李欣： 对于联想来说，无论是以前做IT建设，还是后来进行数字化建设，我们都是从全局角度来考虑的。因为联想集团是一家立足中国放眼全球的公司，我们的财务体系、人力资源体系、供应链服务等职能都是全球化统一设计的。

我们现在也面临着一些挑战，比如全球化运营过程中需要适应本地化的各类要求等。为了应对这些挑战，我们采取了以下举措：

第一，联想由集团层面的数字化转型团队来进行统一的架构设计和预算管理。

第二，数字化转型要根据集团蓝图统一规划：各业务部门可以提出需求，但必须按照蓝图进行统一规划，同时将公司的大部分资源投入到公司整体基础架构的统一建设中。通过蓝图、预算、项目管理，确保公司是从整体层面出发，而不是局限于某个局部的单点建设。

第三，如果要实现公司内部整体回报的最大化，数字化就一定要进行跨部门和跨业务的拉通。自两年前起，联想集团数字化转型部门的一大战略重点就是做跨业务、跨职能的数据拉通。就跨业务拉通而言，无论是企业客户还是消费客户，其购买和服务体验都要基于集团打通的数据库进行统一用户画像。而对于端到端的跨部门拉通，联想集团已推动跨部门的整体规划（connected business planning），而不是各部门做各自的规划。

我认为，要实现端到端拉通，关键取决于业务领导的认知和决心，另外业务管理成熟度也至关重要，比如能否实现各部门业务数据定义的统一。

《展望》：我们发现大部分中国企业对生成式AI还是处于观望阶段，您认为短期内生成式AI应用最可能产生成效的领域在哪里？在AI技术高速发展的时代，企业如何将点状创新快速规模化，在企业层面提质增效？

李欣： 我们认为生成式AI的价值点主要体现在四个方面：语义总结、内容生成、多模态客户互动，以及辅助软件开发。在市场营销、销售、客服、软件和IT开发领域，可能会比较快看到生成式AI的应用效果。

在过去一年中，联想集团各部门进行了各自的探索和尝试，但集团也逐渐意识到，局部尝试在规模化

的过程中可能会面临合规、计算资源需求等方面的挑战，因而难以实现大规模应用。

我们发现，集团对AI最新发展及科技创新给予高度重视，部门在局部自发式地开展创新后，一旦有成功案例并得到高层的关注和重视，就可以统一规划，组织推进，迭代发展。因此，联想集团成立了混合式AI推进治理委员会，并从一开始就纳入对"负责任的AI"的考量。委员会成员中包括了首席技术官（CTO）、战略负责人、法务、数据安全等公司主要部门高管，统筹AI的总体规划、架构、管控和投资，从集团层面统一进行整体决策。

《展望》：联想集团在2024年Tech World上展示了在混合式AI领域的最新进展，您认为联想在AI时代的优势在哪里？

李欣： 通过独特的产品架构和行业领先的技术创新，联想正在推动混合式AI技术的落地与创新扩散，成为变革的先锋。联想本身就是混合式AI技术的实践先锋，数字化转型部门在联想内部与各个业务和职能部门一道全面推进混合式AI架构和应用，并以"内生外化"的形式将联想AI最佳实践赋能千行百业。

联想的优势来自自身持续的技术创新、紧密的生态合作和全球化的布局。随着社会对智能化需求的不断攀升，联想有望在这个变革的浪潮中书写新的篇章，推动混合式AI向更广泛的领域扩展，进而彻底改变我们的生活和工作方式。◼

姚大为
埃森哲大中华区通信、媒体与高科技事业部董事总经理

王纲
埃森哲大中华区通信、媒体与高科技事业部高级总监

邱静博士
埃森哲商业研究院亚太区思想领导力研究负责人

业务垂询：contactus@accenture.com

从中国到世界，安踏做对了什么

专访安踏集团首席运营官陈科

访　俞毅、华明胜、邓玲
编　吴津、王若霈

2024年巴黎奥运会上，每一位登上领奖台的中国运动员，都身着安踏为其量身打造的"冠军龙服"，而奥运赛场之外，凭借独特的战略眼光和创新能力，安踏集团也已成为世界舞台上体育用品品牌的佼佼者。

2024年8月，安踏集团发布的财报显示，其全球销售额再次刷新纪录，这一跃升的背后，是安踏对数字化转型、全球化运营的深刻洞察和精准执行。在最新的《展望》高层访谈中，安踏集团首席运营官陈科阐述了安踏如何巧妙地将科技创新与全球战略相结合，以创新和战略的眼光，跑出了自己的加速度。

《展望》：近些年，越来越多的中国企业把数字化转型作为战略重心，期望借此可以实现"降本增效"，开拓全新增长。安踏如何制定自身的数字化战略？

陈科：在安踏，有两个核心板块是支撑集团未来长期发展的基石，一是数字化能力，二是科研创新能力。数字化是以信息化为基础进行业务场景和模式重塑，以提升管理效率和改善消费体验。结合安踏自身的经验，我认为企业数字化战略制定一是要做到抓住企业核心发展战略，并进行重点突破；二是要有阶段性，数字化进程需要和企业的发展相匹配。

数字化其实很难单挑起企业的发展和增长，但一定要支撑企业的全局战略。安踏是多品牌的集团公司，每个品牌的核心定位、所涉及的区域和市场，无论是本土还是海外都大不相同。因此，对于安踏来说，数字化的战略要服务集团整体战略，同时每个品牌、每个职能板块也要有自己的数字化重点。

从早先安踏1.0阶段的生产制造，2.0阶段的品牌批发，3.0阶段的品牌零售，4.0阶段的品牌全渠道到现在5.0战略下的品牌全球化，安踏的整体战略是阶段性的。同样，我们的数字化战略也是依照企业全局战略进行制定的。比如3.0阶段我们在做品牌零售，那么数字化或者说信息化战略重点就是搭建完善的

零售系统。埃森哲早在2007年就开始参与了安踏的信息化和体系化建设进程，包括安全体系、IT服务体系、应用程序、数据、技术架构的统一等方面，都是在那个规划之下，逐步完善起来的。

《展望》：2020年安踏开启了DTC（直面消费者，Direct to customer）模式转型，通过回购经销商门店，持续优化渠道结构。DTC模式为安踏带来了什么样的竞争力？

陈科：我们曾经总结过安踏三个核心竞争力，就是多品牌协同能力、多品牌零售运营能力、全球化运营与资源整合能力。我们在战略3.0阶段进行的零售转型，已经初步为DTC模式奠定了基础。比如我们零售系统能够看到终端数据，以充分了解消费者，经销模式则做不到这一点。

通过集团内部横向对比，我们发现，斐乐、迪桑特等率先采用了DTC模式的品牌，在运营效率上实现了很大的提升，所以我们在2020年耗资20亿元做了回购。在DTC模式之下，全国一盘棋，意味着我们可以用更少的货满足更多的消费者需求，从而创造更多的营收。随着私域、社交电商的崛起，对于多业态的品牌来说，需要对区域市场理解得更加深刻，管控得更加细致，DTC模式也会让这些问题迎刃而解。

安踏接下来还会持续深化DTC模式，这是一个永无止境的过程，需要我们在管理和运营效率上持续提升，并且需要进一步提高当地消费者和当地商品渠道的匹配度。

《展望》：安踏已经提前完成了2025年在中国市场"力争第一"的目标，那么要做到"2030年力争全球领先"又需要制定什么样的全球化战略，对于数字化、DTC模式又有何思考？

陈科：对于安踏而言，全球化战略的制定和数字化一样，要做到符合集团整体的战略方针，并且分阶段落地。

安踏品牌出海其实不是第一次，我们很多年前就出海去俄罗斯、东南亚、欧洲和美国，采用的是经销模式，即通过经销商卖出产品。后来我们意识到真正的全球化是品牌输出，进入海外主流市场，成为主流人群的首选。否则就谈不上当地消费者对安踏品牌的认知，更谈不上对品牌的忠诚。

因此，我们在2023年2月就把东南亚市场的总部设在新加坡，目的是要在保证品牌输出的情况下，以DTC为核心，尝试多种经营和合作模式，在东南亚真正做到品牌出海，而不是仅仅有出货率或者销售量。比如我们在新加坡的直营店，店铺形象明显优于当地的其他零售商，虽然不参与打折，但消费者觉得性价比很高，这些店的业绩目前都非常理想。这些都不是简单地建立在DTC之上，而是依靠高品质的产品以及我们对自身品牌的正确传递。同时，这两年我们还进行了品牌升级，与中国国家队、奥委会等建立了长期紧密的合作关系，在海内外树立了良好的品牌形象。

为什么出海也要有"阶段论"？海外市场和中国市场是不一样的，每个区域市场大平台电商和线下零售的发展节奏、基础设施匹配，包括政府发挥的作用也都不尽相同。在海外市场，你会发现渠道零售商其实也比较成熟，并且多数营业收入都是靠批发或者经销完成，不能试图用一套标准方法套用所有市场。但是在有些区域市场的核心地段，我们觉得可以尝试做一些DTC突破。

所以在海外市场，安踏推进的节奏、实施的步骤以及预期，跟中国市场不太一样。中国市场由体系化、信息化步入到数字化，海外市场可能有些在进行体系化，有些在进行信息化，个别地方处于数字化阶段。所以还是需要在大战略方针之下，了解每个市场的具体情况、发展阶段，因地制宜地制定阶段发展目标。

> "数字化一定是服务集团整体战略的，需要由战略来引领数字化到底该做什么，按照什么节奏来做。"
>
> ——陈科

《展望》：安踏要在2030年做到"全球领先"，包括哪些方面的"领先"？安踏以什么标准去判断自己是否做到了"领先"？

陈科：安踏说的全球领先，包括市场份额领先、品牌领先、科技创新领先、员工能力领先、社会责任领先，做到这些才能真正叫作"领先"。目前这五个方面，安踏都是根据集团的大战略目标，拆解为具体的战略、具体的行动计划，以及可衡量的指标进行推进。

对于安踏来说，我们一贯坚持"高标准对标"。好和不好其实都是相对的，但"高标准对标"意味着安踏要永远跑赢第二名。企业需要基于此，确认采取什么行动达到这样的结果——以结果为动力、为导向，进行高标准对标。所以，这就要求企业对于宏观发展趋势、行业发展趋势，以及竞品的竞争动态保持高度敏感，并实时、细致地了解这些信息，并且全部细化到运营指标里去。

《展望》：您如何看待人工智能（AI）及生成式AI的潜力？安踏计划在哪些领域重点投入？

陈科：我个人对于AI在企业当中发挥能动性是非常期待的。但对于企业来说，考虑到资源约束和适配性，目前不会大范围大幅度地投入，而是按部就班地布局，进行小范围尝试，在成熟的大模型当中尽可能成熟地应用，如提高管理效率、呈现业务价值、提升消费者体验。

鞋服行业中，最重要的一个环节是产品设计。通常来说，设计师从画线稿、打样、试穿、反馈，到设计一审、二审、订货会，整个流程需要十多个月。但在使用AI工具之后，这个过程变得很有趣。设计师会通过AI设计工具直接和消费者沟通，迅速形成符合消费者购买喜好的产品设计，然后发挥DTC模式的优势，直接配货到各个店铺。通过一套完整的逻辑构建了这件商品从需求拆解，产品形成，到购买交易的全过程。AI不仅能在价值链上游发挥价值，企业应从需求、研发到后面一系列环节打通，形成闭环，从而实现从量变到质变。

安踏未来大战略方向是共生战略，我们建立了一个全球式开放创新网络，由全球大概60多所高校、10多个科学院，还有3000多个上游供应商以及

几百名全球专家建立的开放创新网络。未来，我们通过数字化手段连接全球，大家都在共生体系里，形成开放式合作创新的模式，目标只有一个：一切为了终端消费者。

> "我觉得对于中国企业的发展来说，不是说数字化能力强了，企业发展就快了。企业的核心目标不是打造数字化，而是如何让企业具备核心竞争力，保持增长，基业长青。"
>
> ——陈科

图片来源：安踏集团供图

图片来源：安踏集团供图

《展望》：您之前也提到数字化和科研创新是支撑集团未来长期发展的两个重点。那么安踏是如何提升组织能力，去支撑企业的战略实施或者战略转型？我们对外有全球开放创新网络，对内如何把创新融入企业的文化中，培养和激励员工的创新能力？

陈科：其实，企业高层若是把需要执行的内容阐述得清晰明了，那么员工的执行效率一定会很高。但时间一长，整个组织会习惯于依赖上层的决策去执行。然而，安踏是一个多品牌的公司，盘面很大，需要整个组织具备战略能力。因此，第一，安踏内部有完善的培训体系，可以让员工去学习、了解、掌握相关数字化知识。第二是提升员工的经验值。我们有轮岗机制，让员工从不同角度出发，掌握相关业务的操作流程、处理方式，从而获得相关经验。第三则是领导力，不断培养、锻炼员工的领导力。第四则是主人翁精神。企业文化在这方面会发挥很大的影响力，员工对企业忠诚，并笃信企业长期战略。

安踏鼓励员工进行创新，也会为创新提供必要的资源和支持。我们企业内部创新大部分集中在设计创新、商品创新这种成熟体系。如果说突破式创新有很高的风险，或者对技术有很高的要求，那么我们就会选择和外部合作，比方说高科技服装面料的研发，我们会和外部供应商或者联合高校一起进行。

我们每年会有两亿创新基金，鼓励内部员工申请创新，这和员工自己的KPI、所有项目的预算都不挂钩，就是为了给员工提供一个自由的氛围去进行创新增量。安踏内部每年也会举办创新大赛，分为技术、产品、模式三个部分，分设金银铜奖，每个奖项有不同的奖金，评选之后也会在办公楼进行展示，为员工提供物质和精神上的奖励。

《展望》：很多公司发展到"大规模企业"的时候都存在一个悖论，就是如何保持员工和组织的敏捷性和统一。企业需要员工有很强的执行力，也需要员工发挥敏捷性，可以快速解决问题。安踏在这方面是如何做的？

陈科： 安踏的管控模式还是比较特别的，我们在中国一共有6万多名员工，核心运营15个品牌。我们保证所有组织的思想和行为准则保持一致，集团对所有品牌、事业群的集中管控和赋能管控的要求是一致的，集团上下的计划、规划、考核标准都是全部拉通的，这就保持了整个组织的统一性和执行力。

而要保持敏捷性，除了在运营中实行主体责任制，确保每个品牌或者事业群都有明确的负责人，全权负责品牌的运营，此外还需要减少非必要的流程以保证所有员工办事更简洁，集团也在积极推进效率提升和业务优化。比如我们会从集团角度去推进AI的应用，确保提高整体生产效率。

可以理解为我们不仅拥有完善的组织管理机制，同时集团也会把创新的资源提供给大家，确保组织的高效、敏捷。比如说我们成立了内部虚拟团队，以促进团队间的协作和沟通，这种策略在确保体量和业绩持续增长的同时，保持传统型公司管控方式有一定的集中性，并且保持了敏捷性和活力。

《展望》： 您在《动态效率——规模、利润与需求的最优解》一书中写道，好企业的判断标准是"通过价值创造实现持续不断的增长，让所有利益相关者和整个社会因为它的存在而更加美好"。埃森哲也认为价值应该是全方位360度的，越来越多的企业意识到非财务形式的价值对企业的增长来说至关重要，包括环境价值、客户价值、员工价值、伙伴关系价值以及社会价值。安踏如何实现"外求变，内求善"？

陈科： "外求变"其实比较好理解，就是与时俱进，我们所有的成功都在于我们对未来的投资以及对驱动企业增长的投资。安踏的阶段论其实就代表着求变，因时因势而动。无论是我们2009年收购斐乐、2019年收购亚玛芬，还是我们做零售转型、出海，这些都是在外求变。

至于"内求善"，作为头部企业，安踏不仅仅是一个商业体的存在，它还肩负着更多的社会责任。除了经营，企业还要考虑到对行业的长期贡献，对社会的

贡献，甚至是对国家的贡献。国家、社会以及消费者也需要这样的企业。

举个例子，很多高端面料我们可以去直接采购，只要我们溢价够高，对企业自身来说没有太大影响。但安踏有责任让多数人享受或者使用到小部分人才能享受的服务或者商品。所以我们就和高校进行联合创新，突破相关技术、降低商品成本，让广大的消费者花更少的钱享受到更好的产品，这就是企业对行业、消费者的贡献。我们连续八年发布ESG报告，目标在2050年实现碳中和，比国家的计划早十年，以做到和社会、自然和谐共生，我们也相信消费者会为绿色、低碳、环保埋单，这些都是安踏社会责任的体现。◪

> "企业自身拥有强大的盈利能力的同时，也需要承担相应的社会责任，做到'外求变，内求善'，才能让企业走得更远，做得更强。"
> ——陈科

俞毅
埃森哲全球副总裁、大中华区技术服务事业部总裁、埃森哲阿里事业部总裁

华明胜
埃森哲大中华区董事总经理、技术服务事业部消费品及零售行业主管

邓玲
埃森哲大中华区商业研究院研究总监

业务垂询：contactus@accenture.com

生成式AI时代
需要何种领导力

访　丰凡

编　王若霈

生成式AI的迅速发展为企业带来了机遇和挑战，也对企业领导者提出了新要求——领导者的角色不仅是决策者，还应成为变革的推动者和驾驭者。那么，适配未来的领导力是怎样的？企业领导者该如何在快速发展的技术环境中持续胜任领导角色？

我们几个月前与时任埃森哲大中华区董事总经理、应用智能业务主管兼首席数据科学家陈泽奇，埃森哲全球领导力与文化、内容与交付主管谢莉·温特（Shelley Winter）和埃森哲亚太区领导力与文化主管大卫·鲍曼（David Bowman）展开对谈，分享他们在如何应对生成式AI带来的挑战、平衡技术优势与人类智慧、如何塑造适应未来的组织文化等方面的真知灼见。

《展望》：生成式AI如何影响领导者角色及其工作？

陈泽奇： 生成式AI无疑给领导者带来了很多裨益。过去，领导者根据自己和团队拥有的知识和经验做决策。现在，领导者可以借助生成式AI这个"外脑"获得更广泛的数据和洞察，过去需要几天或几个月时间的研究工作可以在数小时内完成。而且，生成式AI结合预测式人工智能，可以帮助领导者在做出重大决策之前快速模拟多种情景，评估潜在影响，从而做出有效决策。

但硬币的另一面是，生成式AI的出现使得信息传播速度更快，分布更扁平，有可能削弱传统领导者的竞争优势。过去，企业决策是自上而下的，领导者掌握更全面的信息，他们制定决策，基层主要专注于执行。现在，随着生成式AI的应用，高层和基层在获得信息等方面的差距正在缩小，一线员工也可以在业务现场做出高质量的决策，他们将会比过去拥有更多的自主权，这些对高层的领导能力提出了更高要求。

谢莉·温特： 决策民主化和赋予基层权力是一个很有趣的观察角度，其程度因组织而异。根据我的观察，一个组织赋予员工权力的程度往往与行业和组织存续时间有关。一些成立时间较长的传统组织，文化更注重权威性，更倾向于命令和控制的领导方式，这些组织要想从生成式AI中获益，调整领导风格和文化还有很长的路要走。

当今，大多数领导者的成功部分归功于他们所掌握的知识和专业技能，当生成式AI技术的兴起能够让其他人快速获得行业见解，领导者可能会经历身份危机，甚至陷入防御模式。我希望，生成式AI能促使领导者更多地思考领导力当中的人文因素。与其用权威、地位和专业技能来衡量自己的价值，不如围绕自己能够提供的独特的人性化领导方式来重新定义价值，并且重新安排自己的时间。例如，创造归属感，在模糊不清的情况下为团队指明方向，赋能员工进行试验和发现可能性，从鼓励人与人之间的积极互动转变为创造人与技术之间的积极互动。

大卫·鲍曼： 你们提到了对领导竞争力的思考，这是很有趣的话题。过去，专业知识是竞争优势的源泉，企业通过识别、吸引和留住某个领域最顶尖的专家来获得优势。生成式AI让信息的获取变得民主化，也让知识开始变得廉价，这是否意味着企业不得不开始寻找竞争优势的新来源？如果组织和个体都能获得类似的数据和学习模型，在一些赛道里是否组织和个体之间的鸿沟也在缩小？

陈泽奇： 的确有观点认为生成式AI可以改变竞争力，过去，培养出一个专家也许需要20年，因此专家是非常稀缺的，但现在生成式AI无差别地提供了这些知识。从知识角度看，这一工具肯定可以改变竞争格局，甚至在国家层面。

然而，尽管生成式AI潜力巨大，能够将其规模化部署的企业却不多。如何有效部署它以释放出这种力量，将是企业与企业之间的一个差异化竞争因素——这需要领导力、数据、人才和企业文化的共同支持。有了好的工具，但却不使用它，业务不会腾飞。以我遇到的某位首席执行官为例，他完全不相信生成式AI，部署的进展可想而知。当然还有另一些首席执行官站在另一个极端，他们对生成式AI的能力过度乐观。我认为领导者得拓展自己的认知，知道自己不知道什么，同时也要知道如何让已知的东西有效运作。

《展望》：为了用好生成式AI，领导者要留意哪些潜在风险？

谢莉·温特：重要的一点是，领导者如何才能善用生成式AI，而不是成为信息的奴隶。我们经常听到反馈，领导者被大量信息压得喘不过气来，现在他们可以利用生成式AI过滤信息，减少过载。然而，生成式AI的信息处理速度是如此高效，领导者需要有意识地放慢脚步，停下来做甄别，这要求企业领导者在使用生成式AI做决策时，保持好奇心，用探究、批判等更高阶的思考技能来处理矛盾，权衡利弊。总之，在使用生成式AI时，保持好奇心和批判性精神非常重要，领导者应该有意识地拒绝快速决策的诱惑，以免它建立在错误的假设基础之上。

陈泽奇：领导者需要了解生成式AI的能力和局限性，在恰当的地方使用它。比如，生成式AI的运营极为耗能，大规模部署会给环境带来巨大的负担，对可持续性并不友好。领导者必须有所取舍，把生成式AI用在回报最大的地方，在效率提升和可持续性之间找到平衡点。企业必须坚持以人为本，采用负责任的生成式AI框架，做到对环境和人类都友好。

《展望》：在生成式AI时代，领导者最关键的任务是否依然是塑造组织文化？

陈泽奇：我认为，在生成式AI时代，领导者在塑造企业文化方面的重要性依然存在。一方面，某些企业文化会让生成式AI更容易被采纳。比如，具备前瞻性思维和创新文化将有利于生成式AI被大规模采用和部署，从而赢得竞争优势，在这方面仍然需要领导者。另一方面，文化是一个组织的灵魂，比如，愿景、价值观、信念、激情，以及日常行为准则……这一切都与人的行为有关，生成式AI不会轻易改变这一点。这些都隐藏在人的思想里，只能被感知、提炼和影响，并不能被生成式AI处理。因此，生成式AI不能替代领导者去影响和塑造文化。

谢莉·温特：我完全同意。事实上，生成式AI有可能让人们越来越独立地工作，人与人之间的联系和归属感被削弱，因此领导者在塑造文化方面的作用变得更加重要。

我们研究发现，生成式AI时代需要关注两个主要文化因素：心理安全和双向信任。组织需要倡导一种允许草根发声和鼓励冒险的文化，鼓励好奇心、勇气和实验精神。心理安全是这一切行为的前提。另一个原因是，我们知道生成式AI有可能引入谬误，组织还需要确保人们能够放心大胆地说："我不能完全相信生成式AI告诉我的事情。"

生成式AI还可能会对员工驱动力产生影响。如果生成式AI已经完成了人们90%的工作，人们就会开始思考："天哪，我能在这里增加什么价值？"领导者需要创造一种文化，让人们在技术面前找到自己的位置，并贡献价值，这将变得至关重要。

陈泽奇：你说得非常好。当生成式AI被部署，许多基础工作将被取代，如果人们不及时找到新的定位，就可能失去价值感。因此，在这场巨大转型中，领导者需要帮助员工重塑自我价值，重塑尊严，这是一项关键工作。

大卫·鲍曼：我理解你们描述的画面，但有时候人们愿意做出转变，阻碍转变的是陈旧的管理理念。比如，多年前，德国大众汽车公司曾做过一个实验，研究是否可以通过激励提高工人的生产效率。后来工人们提高了积极性和效率，每天下午3:30而不是5:00之前就能完成任务，甚至刷新了产量纪录，但公司并不喜欢看到工人少干一个半小时活，于是取消了这项激励措施，人们随即回到了效率较低的工作状态，还是拖到5点下班。我很好奇，同样的故事会不会再次发生，人们拥抱改变，然而公司不喜欢这样的变化，这让一切回到了原位。

谢莉·温特：这是一个很好的例子，说明我们应该放弃过去认为正确的一些预设。我们可能会做的最糟糕的事情之一就是一边觊觎生成式AI带来的好处，一边尽力保留过去的结构，这种风险确实存在。

生成式AI时代对领导者的能力提出了更高要求，一是在部署生成式AI之后，领导者必须像员工一样持续学习；另一项关键能力是质疑和挑战昨天对产品或业务的预设。这里有一个微妙的平衡，你必须找到质疑和挑战的"度"，如果过多，不够聚焦，员工会感到困惑；如果过少，产品或业务将无法实现快速进化。因此，这需要领导者在质疑和挑战的同时，保持聚焦、确定大方向。

《展望》：在生成式AI时代，领导者的哪些特质至关重要？

谢莉·温特： 我认为，关键是要知道何时诉诸人类智慧，何时使用技术力量。换句话说，领导者还是需要掌握一个"度"。面对技术进步，人们往往会过于保守或盲目乐观，这是两个极端。找到平衡点，并学会利用两者的力量，将是领导者的重要一课。我相信，这将是一个"摸着石头过河"的过程。认识到自己的知识盲区，并在实践中不断学习，这对各级领导者都很重要。

另外，即使在生成式AI时代，归属感和建立持久关系的需求依然存在，建立和维护人与人之间有意义的连接，将是领导者的另一个重要课题。

陈泽奇： 我认为领导者第一要不断学习，理解新技术。生成式AI对我们的工作影响力度之大前所未有，而我们尚未看清这种重塑。同时，它本身是一项前沿技术，仍然在快速发展中。因此，理解生成式AI能做什么、不能做什么对领导者来说至关重要。

第二是善用新技术，为业务助力。生成式AI只是业务的助推器，而商业是根本。首席执行官要思考如何在新技术的冲击下重塑商业战略，而不是构想一个以生成式AI技术为中心的商业战略。

第三个能力是塑造企业文化。我们提到过，要想让生成式AI发挥作用，企业文化里得有创新基因，多元包容也很重要。你想想，数据科学家可不是典型的业务人员，他们喜欢打破陈规，做有趣的事情。你会发现许多传统行业难以吸引到这些人才，不仅仅是因为钱，还取决于企业文化。

第四也是最难的部分，领导者要有能力号召人们积极投入到这个大变革中去。前面我们提到，面对不确定的未来，人们害怕工作被取代，尊严被削弱，从而不敢拥抱变革。所以，重塑员工的定位，帮助员工找到新的价值点，并用共同愿景去激励大家，就成了领导者在新时代必须要完成的一项工作。

谢莉·温特： 听你这么说，我想到了两件事。其一，企业文化在很大程度上，由高层设定的基调和传递的信号来塑造。例如，如果首席执行官本人缺乏创新思维，那么就经常会看到，组织也是死气沉沉的。事实上，如果首席执行官缺乏明确的生成式AI愿景，就表明高层团队缺乏创新思维，这种状况很可能会蔓延到整个企业文化中。

其二，人们对生成式AI的生产率和效率有很多期望，但是，如果没有一致的愿景，没有结构和流程所带来的连贯性，没有适配的企业文化，部署生成式AI后，它可能只会被闲置，或是竹篮打水一场空。因此，尽管生成式AI提供了很多可能性，只靠它本身并不能确保产生价值。

《展望》：在生成式AI时代，如果让您给领导者提一条建议，您想说什么？

陈泽奇： 我的建议是：保持开放心态，同时也保持谨慎。谨慎意味着知道自己不知道什么，不贸然行事。带着对未知的敬畏去处理问题，是我们重新构想未来的关键。

谢莉·温特： 我会说：要有好奇心。既要好奇技术本身，也要好奇员工与技术是如何互动的。不要端着领导者的架子，假装自己已经有了所有的答案。哪怕你没有答案，也要有勇气提出愿景，别害怕说错。

这是一个信息过载的时代，领导者需要从为员工提供答案转变为向员工提出正确的问题，并通过生成式AI找到为员工、客户、投资者和股东创造价值的新方法。领导者需要扪心自问：我能为员工提供哪些他们从技术中无法获得的价值？我能为他们描绘什么样的愿景，让他们方向明确、保持动力？成功不能一蹴而就，但领导者可以开始尝试转变自己的身份，并带领组织开始变革。◢

丰凡
埃森哲大中华区领导力与文化战略经理
业务垂询：contactus@accenture.com

生成式AI时代的
工作模式、工作组织、工作者

文 黄雪明、朱颖诗、张逊

提要

生成式AI的到来，引发了人们对于我们的工作将受到何种影响的广泛讨论。它带来的裨益有目共睹，但引发的工作岗位流失等伦理和社会问题也日益凸显。针对这个问题，只有人类才能给出更为详尽、睿智的回答。我们可以言简意赅地将其概括为：生成式AI对工作的影响取决于人类自身，以及人类怎么使用它。

具体而言，这取决于企业高管是否具备塑造未来所需的勇气、知识和洞察。领导者需要优先考虑以人为本的变革举措，通过全新方式学习和了解如何负责任地规模化部署这一突破性技术，创造切实价值，并确保变革惠及每位员工。

生成式AI带来的信任危机

AI的发展经历了三个重大阶段（见图一）。进入生成式AI时代，人类历史上首次迎来了"人性化"的新一代技术。不管是邮件撰写，还是财务预测，生成式AI都需要依靠人工输入来驱动高质量输出。这一转变将彻底改变以往的工作组织模式，重塑整个价值链的工作流程。

我们的模型显示，在美国，44%的工作时长将受到生成式AI的影响。在知识工作者和语言工作者[1] 占比更高的国家，这一比例甚至更高，比如英国（47%的工作时间将受到影响）。各行各业的情况也不尽相同（见图二），值得一提的是，数字技能较弱、工作经验较少、受教育程度较低的员工受到负面影响的可能性更大。

图一 欢迎来到生成式AI时代

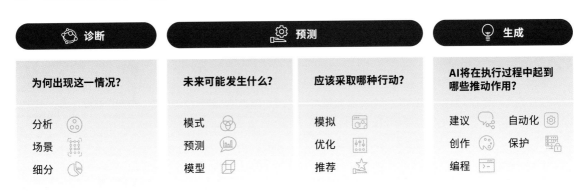

资料来源：埃森哲，2024年。

1. 知识工作者包括软件开发人员、工程师、科学家和数据分析师等。语言工作者包括作家、客服代表、律师和教师等。

图二 很大一部分工作时间将受到生成式AI的影响（实现自动化或被优化）

22个国家:

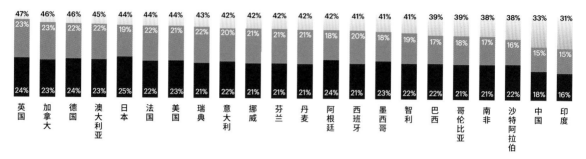

19个行业:

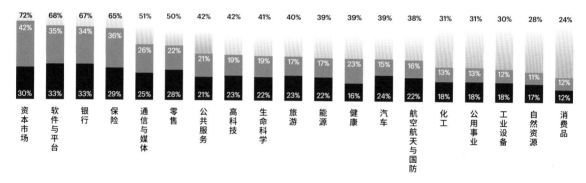

将被生成式AI优化的工作时间　　通过生成式AI实现自动化的工作时间

注: 相关预估基于对工作任务中"人机协作"工作量的区分，以及工作受到生成式AI影响的程度。
资料来源: 埃森哲商业研究院基于各国统计局和O*Net数据。

因此，企业要想有效采纳和应用这些工具，透明度和信任感不可或缺。这种信任感包括但不仅限于人们对工具本身的信任——员工还要相信，企业在应用生成式AI时，会保障员工权益，并帮助员工做好准备。

然而，我们的研究揭示了员工与企业领导之间存在着信任缺口（见图三）。企业高管尚未充分意识到，相比提升体验，员工更在意企业部署生成式AI后是否会导致失业，以及是否会给他们带来工作压力、疲惫感、超负荷等问题。

我们的调查还显示，32%的企业领导认为人才稀缺（由于技能缺口或对AI领域缺乏了解）是利用生成式AI的一大阻碍。36%的企业领导认为，员工由于缺乏对技术的了解而无法充分接纳生成式AI。[2]然而，大多数员工（82%）认为他们了解生成式AI技

2. 埃森哲变革脉动调研第十批，2023年9月，*N*=2425位高管。

术，且94%的员工有信心掌握所需技能。[3]

对于希望负责任地部署生成式AI的企业和领导者而言，他们需要主动了解并消除信任危机。目前，

仅有9%的企业具备持续重塑能力，我们称之为"重塑者"，他们已经充分认识到，企业领导层不应将员工视为这艘巨轮上的乘客，而应将其视为领航员。

图三 针对生成式AI对工作模式、工作组织、工作者可能产生的影响，员工与企业高管观点不一

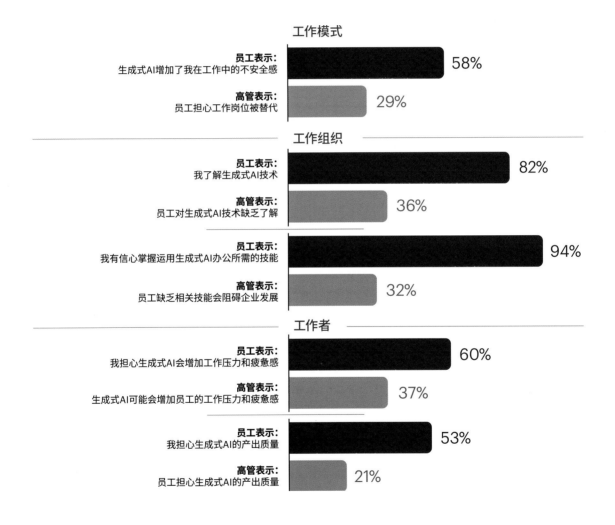

资料来源：埃森哲变革脉动调研第十批，2023年9月，*N*=2425位高管。
埃森哲变革工作团队调研，2023年10—11月，*N*=5000位员工。

---

3. 埃森哲变革工作团队调研，2023年10—11月，*N*=5000位员工。

三重机遇：经济增长、企业重塑、个人提升

我们的研究表明，负责任地整合生成式AI可带来巨大收益，具体体现在三重机遇上：

一、经济增长

我们的模型揭示了关于三种经济增长情景的洞察，每种情景下生成式AI的运用和创新速度各异。其中，"以人为本"情景（即企业以员工和创新为核心，负责任地大规模运用生成式AI）的效益最为明显，到2038年有望额外创造10.3万亿美元的经济价值（见图四）。

二、企业重塑

大多数企业领导认为生成式AI将有助于提高其所在企业的市场份额，其中17%的高管预测生成式AI将令其企业市场份额提升至少10%。[4] 生成式AI能够帮助企业改进识别、触达、联系、服务客户的方式，从而提高企业收入。我们的模型显示，计划在职能和业务流程中深度整合生成式AI的企业，其收入增长有望在未来五年内超越当前领军企业。[5]

以生成式AI为代表的新兴技术还可以推动企业全面变革。埃森哲研究表明，同步聚焦数据、技术、人才等要素，企业能将生产效率提高11%，实现生成式AI驱动的增长；而若忽视人才要素，仅能将生产效率提高4%。[6]

图四 企业通过采用负责任的、以人为本的方法部署生成式AI，可额外释放10.3万亿美元的经济价值

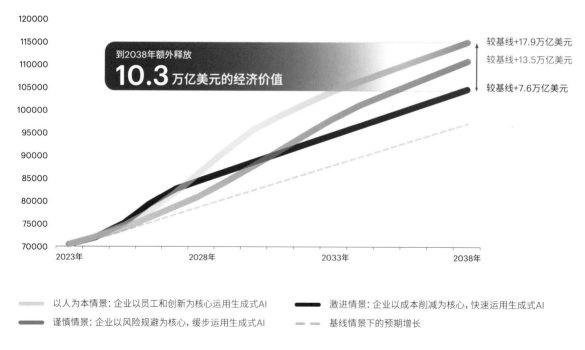

资料来源：埃森哲商业研究院。三种情景下模拟GDP增长。牛津经济研究院对22个国家GDP的预测。

---

4. 埃森哲变革脉动调研第十批，2023年9月，*N*=2425位高管。

5. 埃森哲企业全面重塑调研，2023年10—11月，*N*=1500位高管。

6. 埃森哲全球首席人力资源官研究，2023年1月。

此外，未来三年内，重塑者生产效率提升20%以上的概率是其他企业的两倍。[7]通过有意识地让员工参与变革，重塑者不仅在着手弥合信任和透明度缺口，也在提升快速、规模化重塑的概率（将分别提升1.7倍和1.6倍）。[8]

三、个人提升

"以人为本"应用技术的举措能够提高员工生产效率、提高创造力、激发潜能。三分之二的重塑者认为，生成式AI会让工作变得更有意义，更具创造性与影响力。[9]生成式AI将助力工作团队重塑及员工能力提升，员工们将从深耕一两个专业领域（以及相关技能）的专才转型为同时掌握多项专长的多面手。这一转型也能提高企业敏捷性和适应性。例如，企业可以根据每位员工的需求和意愿为其量身定制培训计划。

埃森哲研究表明，通过帮助员工达到理想状态（Net Better Off），企业可释放近三分之二（64%）的员工潜能。令员工达到理想状态是弥合信任缺口的有效途径，也能帮助员工更好地接纳并适应生成式AI。例如，在生成式AI技术的接受度方面，状态更理想的员工选择"非常同意"的比例会高出19个百分点，尤其是涉及如何在工作中应用这项技术的问题（见图五）。

处于理想状态意味着员工

01 身心健康，经济状况良好

02 与团队关系紧密，拥有强烈的信任感和归属感

03 工作目标明确

04 掌握符合市场需求的技能，积极追求事业发展

图五 从企业获得更多支持的员工，更容易预见并实现生成式AI的价值

	状态更理想的员工非常同意以下说法的比例	两者差值	状态不太理想的员工非常同意以下说法的比例
我坚信自己能在工作中妥善运用生成式AI工具	51%	**+19pp**	32%
我非常看好生成式AI对未来职业前景的影响	51%	**+13pp**	38%
我坚信自己能够在工作中高效掌握运用生成式AI的技能	50%	**+12pp**	38%

资料来源：埃森哲变革工作团队调研，2023年10—11月，*N*=5000位员工。比较了"理想状态"得分最高和最低四分位数员工选择"非常同意"的比例。

---

7. 埃森哲企业全面重塑调研，2023年10—11月，*N*=1500位高管。

8. 埃森哲企业全面重塑调研，2023年10—11月，*N*=1500位高管。

9. 埃森哲企业全面重塑调研，2023年10—11月，*N*=1500位高管。

生成式AI导航: 为充分释放生成式AI潜能指明方向

生成式AI带来的机遇显而易见。同样不言自明的是,企业和领导者需要依靠生成式AI导航帮助其规划路线和目的地,从而适应日新月异的环境。我们的研究和访谈识别出了关键的加速器和行动方案,能够帮助企业充分发挥生成式AI的潜能。

加速器1: 全新的领导和学习之道

为提高效率,建立信任,领导者需要以身作则并改变原有的领导方式,勇于挑战传统思维,积极接纳新兴事物 (见图六)。这些能力并非新概念,但领导者需要以全新方式,自信谦逊地带领企业迎接生成式AI赋能的未来。数字技能、企业治理、跨职能合作、生态系统合作、以人为本的变革管理、领导力这些能力的培养将变得更加迫切。同时,全面了解并打造行业相关、监管、社会影响力的系统思维也很重要。

超过65%的受访企业高管坦言他们缺乏开展生成式AI转型所需的专业技术知识。[10] 因此,企业领导者必须全身心地拥抱新技术,结合工作流程不断改变他们的学习方式。

这将是一个持续的过程。通过不断学习,一方面,管理层能够有效并大规模地部署生成式AI,以负责任的方式领导工作模式重塑及工作组织革新。此外,这也可以加强员工的信任感,让员工及企业都达到理想状态。

图六 生成式AI时代,企业领导的学习路线图

01 夯实基础
数字技能 (包括云、数据、安全) | 生成式AI的基础 (包括大语言模型、架构、负责任的AI原则) | 问正确的问题

02 生成式AI的企业级应用

了解
• 所在企业的数字核心现状及生成式AI成熟度
• 以模块化方法创造价值
• 如何实现规模化
• 本行业和相关行业的生成式AI发展现状
• 合作伙伴情况

能够
• 制订长期计划
• 确定投资的优先重点
• 利用技术生态系统
• 了解竞争影响
• 通过实施负责任的AI避免误入歧途

03 重塑工作模式,革新工作组织

了解
• 重塑业务流程的机会
• 如何在工作流程中使用生成式AI工具

能够
• 革新工作组织
• 重塑组织,实现真正的跨职能协作

04 释放员工潜能

了解
• 员工学习之道
• 人才生命周期的核心技能
• 企业的员工价值主张
• 变革管理之道

能够
• 做好监督,以确保技能重塑计划的有效实施,积极推行工作学习相结合的理念
• 基于生成式AI的影响制定人才战略
• 加强变革管理能力并完善相应的工具
• 评估变革影响,确保员工达到理想状态

05 负责任地实现AI规模化
企业AI治理 | 监管、伦理和社会影响 | 降低风险

资料来源: 埃森哲,2024年。

10. 埃森哲企业全面重塑调研,2023年10—11月,*N*=1500位高管。

加速器2: 重塑工作方式

目前, 我们仍处于生成式AI的早期发展阶段。埃森哲研究发现, 近一半的重塑者已经认识到, 若想抓住生成式AI带来的三重机遇, 必须对价值链中的流程进行全面革新。[11] 全面的工作流程重塑有助于企业明确生成式AI能为哪些领域带来最大影响; 同时, 确保技术与业务目标相一致, 从而提升效率和创新能力, 并真正做到打破孤岛(见图七)。

企业在梳理好流程中的机会点后, 即可重新部署工作, 聚焦需要变革的领域, 更好地服务客户、支持员工、改善业务成果。重塑者们深谙此道——他们当中已有超过半数围绕生成式AI重新设计了工作流程。[12] 此外, 企业还要重点关注文化建设, 让员工从单纯的执行者转变为塑造本职工作以及企业工作流程的参与者。

案例研究

丽笙(Radisson)酒店集团旗下拥有1100多家酒店, 每天都会收到1000多条客户评论。由于无法追踪每一条评论(尽管此前酒店员工会尽量查看并手动回复评论), 丽笙携手埃森哲, 利用生成式AI实现了客户反馈相关业务流程的转型升级。

我们共同部署了能够大规模回复评论的生成式AI系统, 让客户感觉到自己的意见得到了倾听和重视, 员工和酒店管理者也能更加专注于提供优质的服务。员工仍然会监督回复流程, 并帮助系统学习和改进每次互动。该系统还能为丽笙员工提供分析洞察, 帮助他们更全面地了解客户需求, 从而进一步提升客户体验。

图七 生成式AI重塑消费品企业工作流程示例

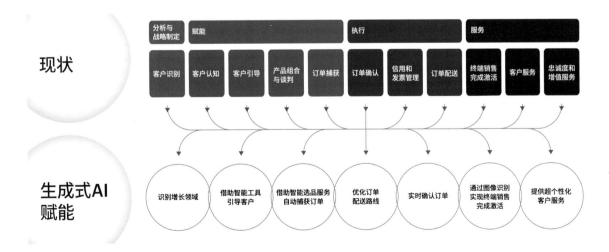

资料来源: 埃森哲, 2024年。

11. 埃森哲企业全面重塑调研, 2023年10—11月, N=1500位高管。
12. 埃森哲企业全面重塑调研, 2023年10—11月, N=1500位高管。

加速器3:革新工作团队

生成式AI正飞速变革工作流程和方式,员工队伍——包括人、机器、合作伙伴,同样需要与时俱进。随着工作岗位和角色的转变,产能得到了提升,这为企业释放出更多的时间和人力,以便于进行转型,创造契合目标客户并符合业务成果要求的新工作角色(见图八)。正如企业高管对生成式AI的预测,这部分产能将带来生产效率和市场份额的双重提升。积极拥抱变化的员工也有望超越传统的"T型人才"模式(一专多能),掌握多项专长,提高自己的市场竞争力。

人与机器的技能和适应能力必须紧随价值链而变化,这就要求企业打造与工作团队同样敏捷的人才模式、项目、政策、实践。随着生成式AI应用的普及,企业应进一步利用技术生态系统的能力,推动转型的顺利开展。技能驱动的企业拥有强大的技能基础设施、工具以及全面整合的数据,不仅行动敏捷灵活,还将拥有重塑当前和未来工作团队所需的技能前瞻洞察。

案例研究

长期以来,沃达丰(Vodafone)的企业文化一直以"为员工谋福祉,为企业谋发展"的理念为导向。正是基于这样的价值观,这家电信巨头在着手尝试规模化采用生成式AI的同时,始终密切关注着工作变化对员工的影响。例如,沃达丰一直致力于帮助员工识别相邻技能和新的职业路径,并为员工提供技术支持或数字营销等领域的技能提升机会。通过恪守对员工的承诺,沃达丰不仅为员工提供了新的职业发展空间,也保留住了宝贵的传统业务知识和深刻的客户洞察。

图八 生成式AI未来如何重新分配工作内容和岗位职责,释放额外产能的示例

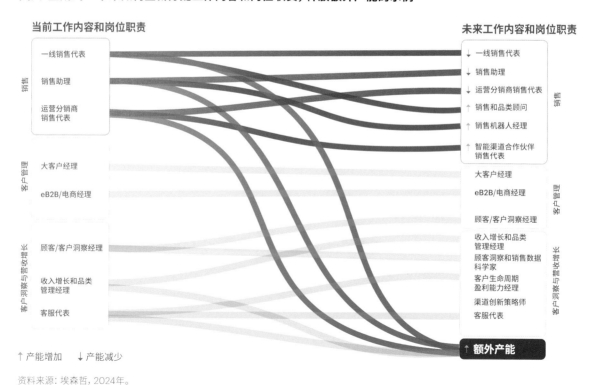

↑ 产能增加　　↓ 产能减少

资料来源:埃森哲,2024年。

加速器4：培养未来工作者

经济研究表明，用于培训等人力投资的金额应高于技术投资九倍。[13] 随着企业广泛采用生成式AI，制订全面的学习计划对于确保员工掌握符合市场需求的技能和人机协作能力至关重要。不过，技术能力只是一个方面。领军企业对培养员工软技能的重视程度几乎是其他企业的两倍。[14]

此外，企业还需要树立强大的"以教促学"文化，从员工、企业、机器本身三个维度来展示学习路径。毕竟，人需要对机器进行训练（这本身就是一种新技能），而人和机器都需要不断提升工作能力，才能最大限度地发挥生成式AI的优势。

这样做有助于员工参与到变革的各个步骤中，从而让变革自然而然地发生，而不是从天而降。当企业积极倾听员工心声，并与员工一道探索如何更好地重塑工作和工作流程时，企业的能动性、透明度、信任度也会同步提升。员工会在工作上更加投入，对企业更加信任，达到理想状态。

我们的美好前景将围绕对生成式AI的评估而展开——包括审视过去可能限制了生成式AI发挥全部潜能的行动，以及探讨接下来需要采取的措施。作为企业领导，在职业生涯中能够遇到生成式AI这样的颠覆性技术，无疑是幸运的。领导者需要采用全新的领导和学习之道，推动企业、个人、社会共同进步，从而打造能够从容应对未来挑战的韧性组织。◢

黄雪明
埃森哲大中华区战略与咨询事业部董事总经理、
人才与组织绩效主管

朱颖诗
埃森哲大中华区战略与咨询事业部董事总经理

张逊
埃森哲大中华区战略与咨询事业部董事总经理

业务垂询：contactus@accenture.com

案例研究

生成式AI工具已融入埃森哲员工的日常工作中，以销售职能部门为例，他们的实践经验就很好地体现了生成式AI如何帮助员工在工作中创造更丰富的体验，释放员工潜能。团队成员们基于对本职工作的了解，积极地重新思考业务流程和工作流程，并协助设计和部署了生成式AI工具。通过应用生成式AI起草和更新销售提案，这些员工的工作效率、自信心、在工作中发挥切实影响的能力以及管理工作压力的能力均得到了显著提高（见图九）。

图九 整合生成式AI工具对销售团队生产效率、自信心、影响力、压力管理能力的影响

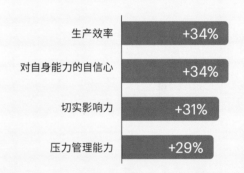

生产效率	+34%
对自身能力的自信心	+34%
切实影响力	+31%
压力管理能力	+29%

资料来源：样本量=53位测试生成式AI工具的销售员工，他们的回答基于基线措施和开展测试后的调研。数值显示了在生成式AI的影响下，生产效率和工作经验其他方面的变化平均百分比。
回答选项从-100%到100%不等。

13. 《人工智能与现代生产力悖论：期望与统计的冲突》，美国国家经济研究局，2017年11月，https://www.nber.org/system/files/working_papers/w24001/w24001.pdf。

14. 埃森哲企业全面重塑调研，2023年10—11月，N=1500位高管。

重塑生产力，
增长新前沿

文　邓玲、宋涵、邱静

提要

全球宏观环境不确定性和复杂性不断增加。全球颠覆指数同比增长33%，经济、消费者和社会、地缘政治、环境、人才及技术等六大维度均有两位数以上的增幅。其中，技术颠覆指数增长88%，增幅超过其他五个维度，成为2023年企业变革的首要原因（见图一）。

在变局之中，有这样一些企业，他们目光远大，不局限于今日最佳，而是以开创明日竞争新前沿为目标，埃森哲将其定义为"重塑者"。他们

行动有力，依托强大的数字核心优化运营、加速增长；并化多元挑战为多方价值，关注可持续增长和人才力量等360度价值。

为了追踪中国企业数字化转型进程，探索重塑者如何迈向增长新前沿，埃森哲连续第七年开展《中国企业数字化转型指数》研究，针对来自八个行业450家中国企业的调研发现，中国企业在全局规划、技术架构升级、组织变革等方面，仍有不小的进步空间。

图一 埃森哲全球颠覆指数（2019—2023年）

注：该分析基于六大评分维度，每一个子维度有多个评估指标，分值越高，变化程度及波动性越高。
数据来源：埃森哲2024年全球颠覆指数分析。

中国企业敏锐感知外部环境变化，但应对准备不足

全球企业重塑进程并不一致，基于2024年初埃森哲开展的新一轮全球重塑调研，全球重塑者占比为9%，比上一年增长1个百分点。其中，北美和欧洲的重塑者占比分别上升了2个及5个百分点，提升至10%和11%，高于全球平均；亚太地区的重塑者占比下降4个百分点至5%（见图二）。

聚焦中国，2023年，中国GDP增速5.2%，相比2022年有所回升，但仍不及疫情前水平。在消费端，国内居民消费总体虽有恢复，但并不稳固；在生产端，工业复苏缓慢。在全球需求不振、供应链重构的大背景下，2023年出口同比下降。

图二 埃森哲2024年全球重塑调研

重塑者占比2024年 vs. 2023年

| 全球 | 北美 | 欧洲 | 亚太 |

9%（+1pp）　10%（+2pp）　11%（+5pp）　5%（-4pp）

■ 2024年　 ▨ 2023年

数据来源: 埃森哲全球重塑调研, 2023年10 —11月（全球N=1500）。

中国企业已经敏锐感知到外部环境的变化。埃森哲研究发现, 有近四成的中国企业高管认为其所在企业正在面临前所未有的变化。这一数据远高于全球水平的12%（见图三）。这种感知不仅体现了中国企业对市场动态的敏感性, 也侧面反映了外部环境变化对中国企业的影响更加显著。

然而, 大多数中国企业认为自身并没有做好应对的准备。埃森哲全球高管调研显示, 面对地缘政治、环境、经济方面的变化, 仅有三成左右的中国企业认为自己做好了充分的应对准备, 低于全球10个百分点以上。面对技术浪潮, 中国企业的准备程度最高, 有48%的企业认为已经准备就绪, 但依然低于全球5个百分点（见图四）。

图三 中国企业中, 认为外部环境正在经历前所未有变化的比例显著高于全球

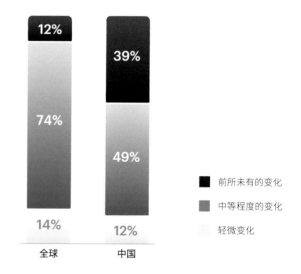

	全球	中国
前所未有的变化	12%	39%
中等程度的变化	74%	49%
轻微变化	14%	12%

■ 前所未有的变化
▨ 中等程度的变化
□ 轻微变化

数据来源: 埃森哲全球高管调研, 2023年11月（全球N=3450, 中国N=260）。

图四 相比全球企业，中国企业应对外部变化的准备不足

（数据为做好充分准备的企业占比）

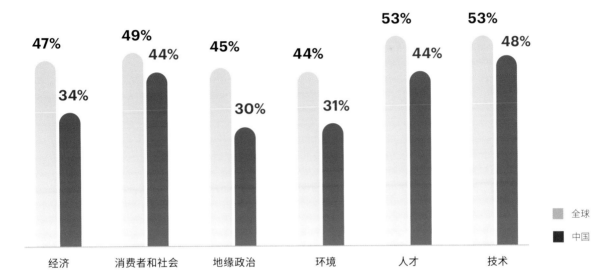

	经济	消费者和社会	地缘政治	环境	人才	技术
全球	47%	49%	45%	44%	53%	53%
中国	34%	44%	30%	31%	44%	48%

数据来源：埃森哲全球高管调研，2023年11月（全球 N=3450，中国 N=260）。

焦点重回创新与增长，生成式AI带来全新机遇

2024年是埃森哲数字化转型指数框架升级的第二年，我们跳出"业务"视角，将数字核心、人才力量、可持续这三个方面显性化，并将企业是否具备"开创竞争新前沿"的雄心伟愿作为评估标准之一（见图五）。100分代表当前所能预见的最先进状态的数字化企业。

2024年，中国企业中，重塑者占比从2%上升到4%，虽有进步，但依然低于亚太区平均（5%）和全球平均（9%）。与此同时，中国企业数字化转型指数得分从44分上升到46分，这反映出，应对外部变局，中国企业重塑的重心再次发生了变化——在维持卓越运营的同时，中国企业以发展思维应对经营挑战，重新聚焦于创新与增长（见图六）。

打造数字核心和释放人才力量依旧是两大短板，云和数据能力小幅提升，但技术平台扩展组合的灵活性差、数据安全弱；同时，企业高管并未做好充分准备，企业利用新技术变革工作方式的进程缓慢，技术投入并未显著提升员工生产力。

图五 埃森哲中国企业数字化转型指数（重塑版）

01 开创竞争新前沿
设定面向未来的目标，定义未来能力

02 全局性拉通

02-a 加速增长
- 通过孵化和并购持续优化业务组合
- 打造以客户为中心的体验和互动连接
- 持续实现敏捷的产品与服务创新

02-b 优化运营
- 打造无障碍的生态化组织
- 建设智能生产和柔性供应链
- 重塑流程，实现业务数据驱动的自主决策和响应

03 打造数字核心
- 以云为先构建基础设施，对所有云平台进行管理和优化
- 为大模型构建现代化数据平台，充分利用人工智能（AI）/生成式AI工具
- 技术平台可扩展，应用可组合，在整个技术架构中实现无缝连接
- 采取安全防护措施应对不断增加的风险和威胁

04 融入可持续
- 可持续的战略与愿景
- 可持续的业务与产品
- 可持续的企业运营

05 释放人才力量
- 掌舵未来的转型领导团队
- 技术赋能和技能升级打造未来员工团队
- 拥抱变化的文化和变革管理

图六 2023—2024年，中国企业重塑能力的建设专注于创新、增长

中国企业数字化转型指数 (0~100)：
2023年 vs. 2024年

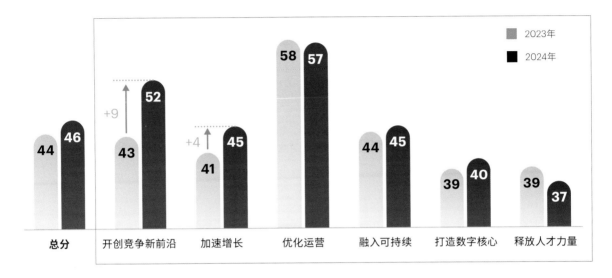

数据来源：2024埃森哲中国企业数字化转型调研，2024年3—4月（N=450）。

过去一年生成式AI的发展正在给企业重塑和增长带来全新的可能性和想象空间。埃森哲调研显示，全球77%的企业高管相信生成式AI能给企业的营收增长或效率提升带来机遇；中国企业更加乐观，90%的中国企业将生成式AI视为企业机遇，其中46%的企业认为它为企业营收增长提供了新的机会，44%的企业认为它能助力企业提升效率（见图七）。

展望未来，企业计划加大数字化投资，尤其聚焦以AI加速重塑。六成企业计划提高数字化投入，相比2022年增加6个百分点。除了制造、财务、供应链等企业运营的核心领域，随着企业数字化转型的加速，想要重塑IT职能的企业大幅提升，从5%大幅上升到40%（见图八）。

图七 大部分中国企业将生成式AI技术视为机遇

生成式AI对企业的影响（同意这一说法的企业占比）

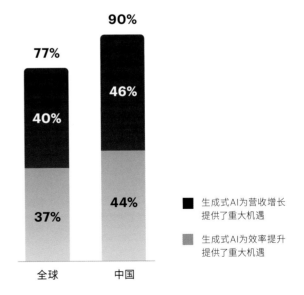

生成式AI为营收增长提供了重大机遇

生成式AI为效率提升提供了重大机遇

数据来源：埃森哲全球重塑调研，2023年10—11月
（全球N=1500，中国N=110）。

图八 计划通过应用以AI为代表的先进技术重塑职能的企业占比大幅上升

未来一年，计划应用以AI为代表的先进技术重塑职能的企业占比
2024年 vs. 2023年

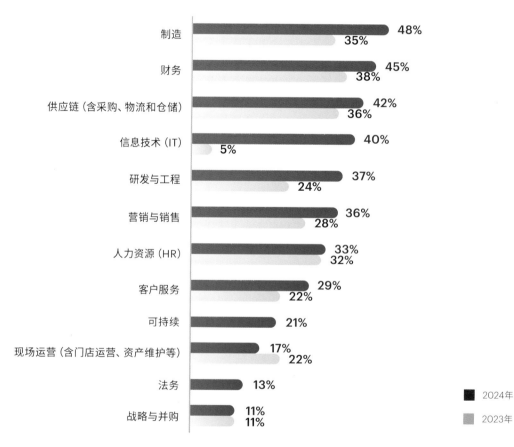

职能	2024年	2023年
制造	48%	35%
财务	45%	38%
供应链（含采购、物流和仓储）	42%	36%
信息技术（IT）	40%	5%
研发与工程	37%	24%
营销与销售	36%	28%
人力资源（HR）	33%	32%
客户服务	29%	22%
可持续	21%	
现场运营（含门店运营、资产维护等）	17%	22%
法务	13%	
战略与并购	11%	11%

问题：未来一年，贵公司计划通过应用以AI为代表的新技术对哪些职能的流程及能力进行重塑？
（多选，2023年数据中没有法务、可持续选项）
数据来源：2024埃森哲中国企业数字化转型调研，2024年3—4月（*N*=450）。

实现AI愿景的三大挑战

企业要想解锁生成式AI带来的价值，实现数字化转型进程的跨越式发展，还要有效应对三大挑战。

一、AI整体战略待完善

调研显示，中国企业目前还处于局部试点阶段，未能从全局视角为AI部署与规模化拓展做好准备（见图九）。如果仅仅局限于单个用例，缺乏整体规划，AI的价值就会大大受限。导致以下问题：

潜力受限：局部使用的AI系统只能应用有限的数据，导致AI模型的准确性和泛化能力受限，限制AI的潜力和应用范围。

资源浪费：重复开发和维护多个孤立的AI系统，一方面会增加开发和维护成本，另一方面这些系统之间因缺乏协同，可能导致资源无法得到最优的配置。资源浪费不仅体现在财务成本上，还体现在AI人力资源的低效利用上。

安全合规风险上升：分散的AI系统意味着数据在多个位置存储和处理，可能增加数据泄露和滥用的风险。同时，分散的系统也使得统一监管和确保合规变得更加困难。

图九 中国企业还处于局部试点探索阶段，尚未从全局视角为AI部署做好准备

关于AI技术，企业已经采取的步骤（企业占比）

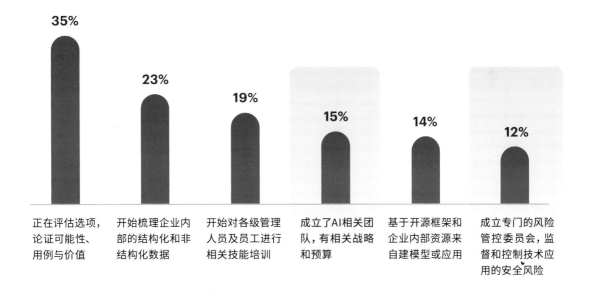

正在评估选项，论证可能性、用例与价值	开始梳理企业内部的结构化和非结构化数据	开始对各级管理人员及员工进行相关技能培训	成立了AI相关团队，有相关战略和预算	基于开源框架和企业内部资源来自建模型或应用	成立专门的风险管控委员会，监督和控制技术应用的安全风险
35%	23%	19%	15%	14%	12%

问题：关于AI技术，贵企业已经采取了哪些步骤？（多选）

数据来源：2024埃森哲中国企业数字化转型调研，2024年3—4月（N=450）。

二、数字技术基础待增强

AI的广泛应用对企业的数字技术水平提出了更高的要求。

首先，AI模型的训练和优化需要大量的高质量数据。企业必须确保数据的准确性、完整性和时效性。企业还需要构建一个跨部门、跨系统的数据流通机制。这不仅涉及技术层面的集成，还需要进行组织结构和流程的调整，以促进数据的共享和有效利用。

其次，企业上云的紧迫性提升。大模型的开发和使用尚处于早期，自建模型和工具不仅会显著提高企业搭建基础设施与运维的时间成本，而且具备相

关知识和技能的人才极度稀缺，培养周期长。想要快速实现最新模型的规模化应用及能力扩展，上云成为了必选项。

最后，AI系统对安全措施和隐私保护的要求更高。随着AI系统的广泛应用，确保系统数据和模型的安全，防止未经授权的访问和篡改变得尤为重要。企业需要采取一系列安全措施，包括但不限于数据加密、访问控制、网络安全防护，以加强系统的监控能力，及时发现和响应潜在的安全威胁。

然而，从近两年数字化技术部署成果来看，中国企业的数字技术基础发展还不尽如人意（见图十）。

图十 中国企业亟须在关键数字技术方面补课

技术领域部署成果（企业占比）

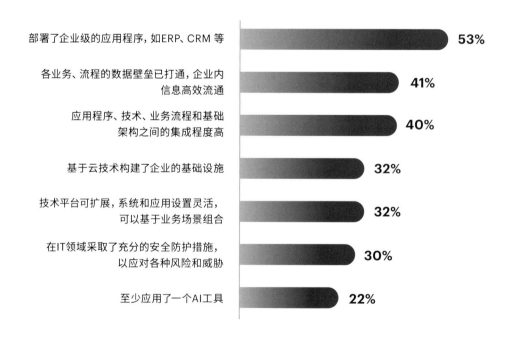

部署了企业级的应用程序，如ERP、CRM 等 **53%**

各业务、流程的数据壁垒已打通，企业内信息高效流通 **41%**

应用程序、技术、业务流程和基础架构之间的集成程度高 **40%**

基于云技术构建了企业的基础设施 **32%**

技术平台可扩展，系统和应用设置灵活，可以基于业务场景组合 **32%**

在IT领域采取了充分的安全防护措施，以应对各种风险和威胁 **30%**

至少应用了一个AI工具 **22%**

问题：通过近两年的数字化部署，在技术领域，贵公司实现了以下哪些成果？（多选）
数据来源：2024埃森哲中国企业数字化转型调研，2024年3—4月 (*N*=450)。

三、变革能力需升级

对生成式AI的价值，中国高管与全球高管的认知存在较大差异。仅有30%的中国企业高管认为，生成式AI将使工作更充实、更有意义，40%认为该技术将为劳动力创造新的就业机会，低于全球占比（45%和47%）。

关于生成式AI对组织的影响，41%和47%的全球高管意识到，要想充分利用生成式AI，其组织流程和人才队伍需要发生巨大变革，持相同观点的中国高管仅占26%和39%。这就不难理解，正在重新设计工作岗位，以融入生成式AI等新兴技术的中国企业仅有32%，低于全球的46%（见图十一）。

四大举措解锁AI困境

数字化转型不是一蹴而就的变革项目。在AI规模化应用背景下进行企业重塑，企业需要从业务目标、技术架构、数据应用、组织变革、人才培养等各个维度出发，系统性地推进生成式AI事项，加速数字化转型进程。

举措一：以价值为导向

释放AI价值的第一步，企业需要打破过往经验的局限，超越当今的行业标杆，以新的竞争前沿为目标，深入探究价值链重塑的可能性。这意味着企业需要在无人区进行探索，对基本流程、工作方式和决策逻辑进行根本性的重新设计。

图十一 对生成式AI的价值、影响及所需应对举措，中国高管与全球高管的认知存在差异

关于生成式AI的影响及所需的应对举措，强烈认同的企业占比

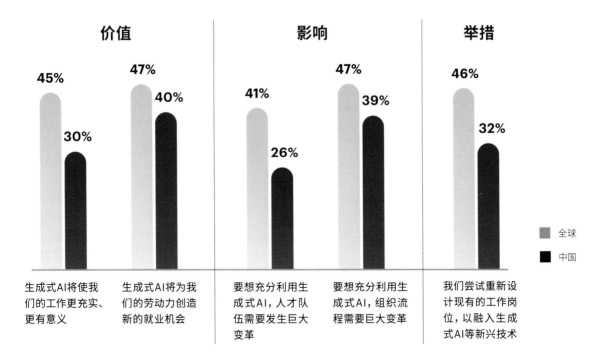

问题：（1）考虑生成式AI对技能的影响，您在多大程度上赞同或反对以下陈述？（2）在您的组织中使用生成式AI时，是否需要在以下领域进行变革或采取行动？

数据来源：埃森哲全球重塑调研，2023年10—11月（全球N=1500，中国N=110）。

同时，企业需要采用全局视角，这要求企业必须打破职能和部门壁垒。构建端到端业务和决策能力，进而发现价值链中的机会并开辟新的价值池。

另外，企业需要加注战略型AI投资。AI有两种投资模式：一种是效果立竿见影，即那些能为企业带来生产效率提升的"保守型投资"（no regret）；另一种是"战略型投资"（strategic bet），即从长远来看能为企业带来全新竞争优势的投资。

大部分企业采取的是保守型投资，专注于已被验证的生成式AI应用，在IT、营销、财务和客户服务等职能部门取得了早期的成果。重塑者起步更早、走得更远。他们不仅快速上线成熟的应用，还在供应链、研发等价值链中更复杂和核心的领域进行战略型投资，利用AI技术服务于构建差异化且不易被竞争对手获得的价值创造能力。

举措二：构建新型数字核心

数字核心对企业快速领先对手并实现战略目标至关重要，如通过云计算提升敏捷性和创新能力，利用数据和AI实现差异化，借助应用和平台加速增长、改善用户体验并优化运营。企业需确保各项技术要素有效整合与激活，持续升级和灵活调整IT基础，确保企业不断重塑（见图十二）。

图十二 新型数字核心

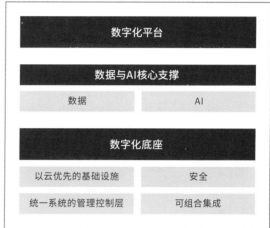

注：统一系统的管理控制层（continuum control plane）、可组合集成（composable integration）。
资料来源：Reinventing with a Digital Core，埃森哲。

首先，企业必须对现有数字核心的成熟度进行全面评估。这有助于企业在技术升级、扩展或转型时做出明智决策，并确保其数字化转型策略是切实可行的。

其次，数字核心要满足业务发展的需求。企业需要从自身业务出发，确保技术投资与企业战略紧密结合，用定制化方法构建数字核心。考虑到多数中国企业尚未完全实现物理服务器、虚拟环境和云计算之间的集成，采取灵活且可扩展的架构来设计和管理数字核心，可以提高系统的效率和响应能力。

最后，平衡技术债务。技术债务是企业为了维持IT系统的现代化和满足业务需求而不得不承担的成本，目前AI已经成为技术债务的主要来源之一。中国企业应该致力于实现信息技术的"持续更新"，这包括利用生成式AI等先进技术进行有效管理，并确保技术栈保持最新状态。同时，企业需要明确哪些技术债务是可以接受的，并探索如何避免不可逆的损失。通过实施自动化测试和优化工作流程，企业可以提高开发效率并减少技术债务进一步积累。

举措三：重塑人才和工作

企业经营的外部环境持续变化，技术迭代的速度也不断加快，对组织的应变能力提出了前所未有的要求。许多企业已经意识到，技术实施有章可循，推动文化的变革才是最大的难点。埃森哲通过建模，评估了三种应用方式对价值创造的影响（见图十三）。

图十三 相比激进情景，企业通过负责任的、以人为本的方法部署生成式AI，到2038年可为中国额外释放2.86万亿美元的经济价值

三种生成式AI应用情景下中国2023—2038年GDP增长预测

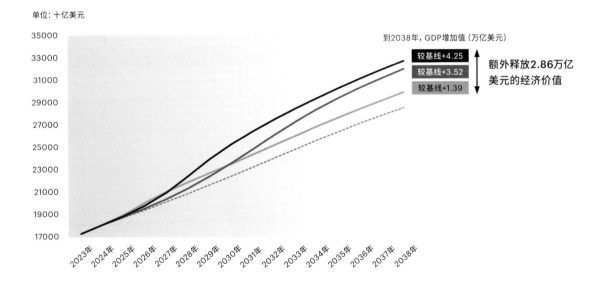

数据来源：三种情景下的GDP增长预测来自埃森哲商业研究院，基线GDP预测来自牛津经济研究院（Oxford Economics）。

长期来看，最明显的效益来自以人为本策略，以员工和创新为核心，负责任地大规模运用生成式AI。帮助员工充分了解生成式AI对其工作及职业发展的影响，重新设计岗位，提供必要的转岗培训，消除员工与数字技术的冲突，促进他们积极利用AI技术创造更多价值。

具体而言，企业首先需要将人才置于变革的中心，更新人才战略。制定长期发展战略目标，识别工作的未来变化，评估这些变化对职位的影响及未来需要的技能，构建与技术路线图一样精确的人才发展路线图。

其次，领导层需要提升技能。一方面要紧跟技术发展的趋势，实时更新对技术的认知，同时，还要提升变革管理能力，使用新技术进行决策与管理，并以负责任的方式实现组织及工作方式的重塑。

最后，人力资源（HR）的能力也需要全方面升级，包括识别未来所需技能、设计人才路线图、采用灵活的人才招聘策略等。

举措四：打造负责任的AI

企业应建立明确负责任的AI指导原则，并在此基础上搭建相应的AI治理框架，以确保AI模型的设计、部署和使用过程符合伦理标准和社会责任（见图十四）。

AI可能带来诸多风险与隐患，企业首先需要做好风险评估，采取有效的控制防范机制，确保合法合规。

图十四 企业应合理制定并执行负责任的AI治理原则

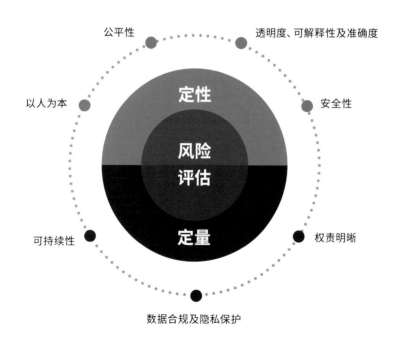

资料来源：Reinvention in the age of Generative AI，埃森哲研究。

其次，将负责任的AI原则整合到决策工具和工作流程中，确保整个组织的一致性。企业应当确保AI模型的透明度，清楚了解其工作原理和数据处理方式。在建设和使用AI模型时，需要对数据进行严格的质量检查，确保输入数据的准确性和可靠性。企业还可以通过整合相关技术手段，增强AI模型的准确性、稳健性、安全性，并提高其可解释度。此外，企业也要对AI的训练和使用做好合理的规划和流程控制，避免无效或过度使用造成的能源浪费和碳排增加。

最后，企业需要通过文化建设和能力培训将原则具象化。树立正确的企业价值观，同时加强员工在AI技能和负责任使用AI认知方面的培训，确保员工在掌握与AI合作的技能的同时，也能学会负责任地应用AI。

在过去相对稳定的外部环境中，企业或许还能每隔几年通过一次大规模的转型来应对挑战。而在外部颠覆加剧、多重挑战叠加的今天，企业要生存，要在激烈的竞争中占据领先地位，就必须未雨绸缪、不断重塑，并将这种持续重塑的能力融入企业基因中，才能迎接未来的挑战和机遇。◨

邓玲
埃森哲大中华区商业研究院研究总监

宋涵
埃森哲大中华区商业研究院思想领导力研究员

邱静博士
埃森哲商业研究院亚太区思想领导力研究负责人

业务垂询: contactus@accenture.com

立足普惠性创新，
拓展绿色商机

文 艾莉森·肯尼迪、瓦伦丁·德米格尔、邱静、安吉·席尔瓦

提要

随着气候变化对人们日常生活的影响日益显著，消费者对于环境的忧虑不断加剧，"绿色"主题的产品和服务的受关注程度随之迅速攀升——全球平均而言，近半数消费者现在及短期内对购买和消费环保产品表达强烈认同。

这场绿色经济转型为企业带来了重大机遇。按照2020年价格水平计算，预计到2050年，绿色产品和服务的需求增长将带动全球经济规模增加10.3万亿美元，[1] 相当于当年全球GDP总额的5.2%。

然而，对环保产品的强烈认同并不会自动转化为强劲的购买力，尤其是在全球经济增长承压、消费信心匮乏的当下。面对认知强烈但消费谨慎的矛盾现状，企业能否将绿色愿景转化为实际的消费行为，是掘金绿色商机、实现业务增长的关键。

可持续发展成败取决于新兴市场

根据埃森哲最新调研，拉美、亚太、中东和非洲等增长最为迅速的消费市场，提升环保水平的愿望尤为明显。事实上，这些经济体对绿色产品的需求是欧洲和北美市场的近两倍。

这种强烈的意愿或许源于这些地区的民众切身感受到环境恶化的直接后果。例如，到2050年，亚洲国家约2.25亿人居住在洪水频发地区；[2] 过去三十年里，中东地区的温度上升速度远超全球平均水平；[3] 因为森林砍伐率翻倍，[4] 森林火灾在巴西亚马逊地区持续增加。[5]

在当前的各种绿色创新模式中，大多数企业都选择为其现有产品加入环保属性，随后在愿意支付溢价的目标市场制定更高售价来抵偿投资。随着新兴经济体的中产阶级群体不断壮大，企业迫切希望抓住由此带来的增长机遇。

然而，我们的调研发现，这些市场的消费人群在当下呈现出更加谨慎的特征（见图一），较高的价格往往会让他们望而却步。当被问及对绿色产品或服务的期望时，消费者提到的前三大期望是：价格降低、质量提升以及维持高水平的健康与安全标准。

1. 《10.3万亿美元：绿色机遇的价值》，牛津经济学研究院，2022年11月8日，https://www.oxfordeconomics.com/resource/the-value-of-the-green-opportunity/。

2. 《政府间气候变化专门委员会（IPCC）：东南亚是受气候变化影响最严重的地区之一，必须优先考虑适应气候变化》，Spectra在线期刊，2022年4月20日，https://spectra.mhi.com/partner-south-east-asia-among-regions-hardest-hit-by-climate-change-must-prioritise。

3. 《中东国家开始认识到气候变化的危害》，美联社新闻，2022年7月25日，https://apnews.com/article/science-africa-egypt-droughts-57dae691fbe56989319e2a1ff9460aa6。

4. 《拉丁美洲和加勒比地区2021年气候状况》，Relief Web网站，2022年7月22日，https://reliefweb.int/report/world/state-climate-latin-america-and-caribbean-2021。

5. 《新数据显示，2022年亚马逊大火与近来的森林砍伐紧密相关》，Mongabay环境新闻网站，2022年11月22日，https://news.mongabay.com/2022/11/2022-amazon-fires-tightly-tied-to-recent-deforestation-new-data-show/。

图一 消费者对开支变得更加谨慎

消费者信心的恢复需要时间

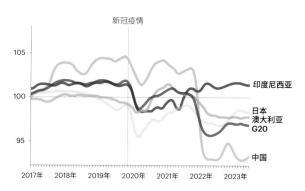

备注: 数值低于100表示对未来经济发展持悲观态度, 可能导致储蓄增加和消费减少。

资料来源: 经合组织 (2023年), 消费者信心指数 (CCI) (指标)。doi: 10.1787/46434d78-en (2023年12月12日访问), 2023埃森哲绿色消费调研。

短期内消费者对开支更加谨慎

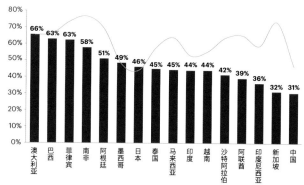

— 担心成本上升弱削购买力
■ 预计明年将减少对新产品和服务的消费

样本: 巴西、中国、日本、印度、印度尼西亚, N=1500; 其他地区, N=1000。

资料来源: 2023埃森哲绿色消费调研。

普惠性创新使绿色消费成为主流

在上述高潜力地区, 如何推动更多消费者购买环保产品和服务, 直接影响绿色产品与服务能否成为主流, 并为企业带来更多增长空间。为了回答这个问题, 埃森哲对来自22个国家超过25000名消费者 (其中18500名消费者来自亚太、拉美以及中东和非洲地区) 进行了调研, 了解他们在购买环保产品和服务时真正关心哪些事项。

在受访者中, 我们将相当比例 (约占三分之一) 的人士评定为**先锋型绿色消费者**。他们对过度消费造成的环境后果深感忧虑。吸引他们的产品特征包括拥有绿色认证或使用了可回收材料。无论价格高低、是否便捷, 他们都会选择环保产品。目前, 大多数绿色产品都主要瞄准这一群体。

不过, 如果只关注这部分消费者, 就会忽视更为广阔的消费群体。研究发现, 虽然少数消费者对绿色产品毫无兴趣, 但有超过半数的受访者属于**务实型绿色消费者**——他们对绿色产品有一定兴趣, 但未必中意现有产品。相反, 他们在寻找更有价值且更为便捷的替代品。他们看重的是产品的实用特征, 比如耐用性和多功能性。

这意味着, 如果能够兼顾先锋型绿色消费者和务实型绿色消费者, 企业可以将潜在市场的消费者覆盖率从不足30%拓展为超过80% (见图二), 这为销量增长开辟了广阔的空间。

图二 绿色消费，从先锋走向务实
受访者百分比

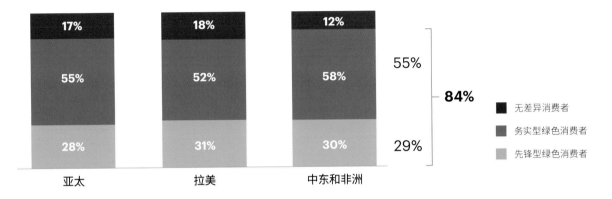

样本：亚太，*N*=12000；拉美，*N*=3500；中东和非洲，*N*=3000。
资料来源：2023埃森哲绿色消费调研。

埃森哲称这种方法为"普惠性创新"（Eco-essential Innovation）——专注于开发更简单、更实用的日常绿色产品和服务，将环保理念与卓越功能和长期客户价值融为一体。其目标在于使绿色产品便捷、耐用、可重复使用、易于获得且价格合理。

例如，Framework公司开发了一款独特的模块化笔记本电脑，其设计理念是可定制、可维修，并且能随着时间推移进行升级，而不必在每次升级时都淘汰现有产品。这款笔记本电脑在环境效益之前优先考虑了多功能性，可以在办公任务和高配置要求的虚拟游戏之间无缝切换。这种模块化系统不仅能满足个人电脑发烧友长久以来的期盼，Framework还认识到，将这款产品推向主流还会吸引积极捍卫"维修权"的众多人士——他们一直在反对消费电子产品的计划报废的做法，但却屡屡受挫。不仅如此，Framework还成立了一个B2B部门，帮助其他企业降低IT硬件对环境的影响，这已成为绿色IT转型中日益重要的优先事项。[6]

普惠性创新在造福环境的同时，也为企业开辟了利润丰厚的新市场。 例如，作为最畅销的电动汽车款，中国的上汽通用五菱Mini和印度的Ola两轮车都实现了指数级的销量增长，充分凸显出简约化的强大吸引力。通过优先考虑紧凑设计、功能性和经济性，而非豪华车型用以吸引眼球的先进技术特色，这些企业正在国内和全球市场迅速扩张。

6. Framework笔记本电脑与可持续发展，Framework公司，2024年3月7日，https://frame.work/sustainability。

三种绿色创新范式

虽然**普惠性创新**大有可为，但目前有实际行动的企业仍属凤毛麟角。我们的分析发现，在媒体上讨论过绿色创新的领先企业中，只有16%正积极投身普惠性创新（见图三）。

绝大多数（85%）企业正在进行**附加式升级**，即在不改变基本商业模式或产品设计的情况下，逐步使传统产品更加环保。这些升级产品通常存在"绿色溢价"，目标群体是愿意为"绿色溢价"埋单的先锋型绿色消费者。"绿色溢价"的存在无法激励大众采用并推动规模化脱碳，将难以推动广泛的消费转型。更有甚者，升级式的绿色创新有可能会被解读为是品牌伪装环保的"漂绿"行径。

突破式创造则是与附加式升级截然相反的绿色创新类型。该方法旨在开发前所未见的新产品，颠覆现有消费模式。我们的分析发现，37%的企业正在开展类似的激进创新，他们有望在重塑整个市场的同时，造就巨大的环境效益。突破式创造有望推出跨时代的全新产品，然而企业必须为此投入大量的时间和金钱，承担极大的风险，同时消费者则需要为"创新溢价"埋单，这很可能限制新产品的快速普及，难以在短时间内实现全社会大规模的绿色转型。

某些新崛起的企业可能会专注于推动突破式创造，另一些企业则可能利用绿色创新框架重新评估现有的业务组合，通过增加产品和服务的种类来把握机遇。虽然附加式升级和突破式创造依然十分重要，但普惠性创新展示了一种全新的范式——企业可以在更短的时间内同时对市场和环境产生相当大的影响。

图三 只有少数企业推动了普惠性创新

埃森哲绿色创新框架：专注于产品和服务的三种绿色创新范式

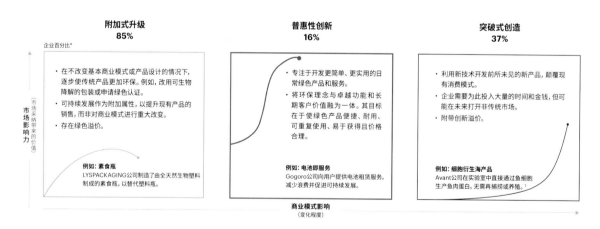

* 2019—2022年间，有737家公司（38%属于G2000）在媒体文章中提到了绿色创新。

备注：图中曲线代表市场采纳带来的价值创造的示意轨迹。

资料来源：埃森哲商业研究院基于Factiva Analytics数据的分析。

---

7. 《领先的细胞培植鱼肉企业Avant宣布计划，在新加坡建立研发和试生产设施》，Avant公司，2021年4月26日，https://www.avantmeats.com/press-release/8-press-release/28-leading-cultivated-fish-company-avant-announces-new-r-d-and-pilot-manufacturing-facilities-plan-in-singapore。

普惠性创新的三大维度

要想建立普惠性创新，企业必须重新构想其产品，找到推动消费者长期价值的最佳方式，并考虑如何最准确地满足可持续发展法规的要求。这种模式促使企业全面反思现状，从商业模式、碳排放水平、增长战略，一直延伸至整条供应链。埃森哲建议企业聚焦三大关键领域。

一、为价值而设计：采用全新设计方法

消费者的购买决策正日益受到环保特征的影响，这些特征同时强调了生态效益和功能表现。这意味着，仅仅关注环境来源和生态认证等环保属性将不足以增强吸引力。企业需要引入一种新的设计方法，在不牺牲质量或性能的前提下，开发更简便、更具实际意义的绿色产品和服务。

这要求企业重塑产品和服务，使环保特征更加人性化。为了确保产品能够具备消费者最看重的特征组合，比如耐用、可重复使用、可维修和可回收，采用"具有实际意义的绿色产品"（MGP）的设计方法至关重要（见图四）。此外，这些功能特征还可降低每件产品的排放强度，减少原材料用量，并延长产品的使用寿命。

图四 消费者日益关注绿色产品的生态表现和功能表现

未来12个月属性重要性的预期变化（亚太、拉美、中东和非洲）
选择"非常重要"或"重要"的受访者百分比

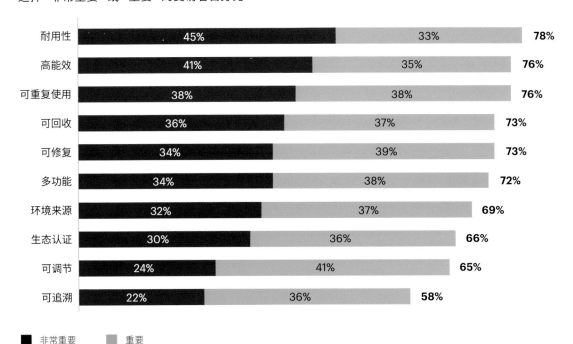

属性	非常重要	重要	合计
耐用性	45%	33%	78%
高能效	41%	35%	76%
可重复使用	38%	38%	76%
可回收	36%	37%	73%
可修复	34%	39%	73%
多功能	34%	38%	72%
环境来源	32%	37%	69%
生态认证	30%	36%	66%
可调节	24%	41%	65%
可追溯	22%	36%	58%

■ 非常重要　　■ 重要

资料来源：2023埃森哲绿色消费调研。

埃森哲认为企业可以通过以下三步推进实践

重新评估当前的产品和服务组合。 企业可以思考，在现有的产品和服务组合中，是否有可能通过强调更具实质性的环保特征来增强竞争力，比如材料选择、设计复杂性和报废方式等。另外，企业可以反思核心设计原则，开发一款打破现状、追求客户终身价值而非一次性销售的产品或服务。

在考虑未来的产品设计时，预判监管变化和供应链影响。 减塑及可循环等监管规则势必不断增多，企业需要设法走在政策的前面。为此，企业应当考虑目前的产品设计在哪些方面可能有悖于即将出台的法规要求，并将这些发现纳入未来的设计原则中。同时，企业须摆脱对特定提供商和材料的依赖，以此规避价格及供应的波动。提高产品的耐用性可以减少来自供应中断、价格起伏和资源稀缺的影响。此外，延长产品生命周期也可降低对特定原材料的依赖，进一步缓解或将遭受的外部冲击。

洞察"绿色"需求。 企业若想精准地与客户建立联系，就必须深入了解他们的需求和价值观，专注于客户真正看重的因素：功能、性能、成本和便利性。耐用型产品的使用寿命更长，因此用户更能节省更换产品的开支；可维修产品则能适应需求并不断改进，最大限度地提高性能和定制化程度；可重复使用产品既便捷又避免了浪费。这些优点能够引发不同人群的共鸣，而不只是吸引少数具有强烈环保意识的客户。通过细致了解现有和潜在客户，企业可以有的放矢地传递信息，用客户乐于接受的表述来传达设计思想。

二、以洞察力推进：激发全新需求，预测绿色机遇

现有的市场营销和销售策略通常认为：绿色消费者只占少数，并且对价格相对不敏感。但现在我们应当改变这一观念，因为普惠性创新极大地扩展了绿色产品和服务的目标市场。

埃森哲调研表明，超过80%的消费者希望企业在广泛的产品类别中提供更多生态友好型选择。为此，企业可以建立跨行业伙伴关系，使环保产品更易于获得。例如，社区中心可以与致力推动可持续发展的品牌和金融科技企业合作，搭建修理工作坊、开展小额贷款，帮助大家将旧家具改造成环保新家具。

埃森哲认为企业可以通过以下三步推进实践

找到并利用自身的数据来源，开发潜在的环保购物者。 企业应全面挖掘来自销售、网站、社交和调研等渠道的数据，接下来，人工智能可以深入研究并发现隐藏客户，由此揭示出尚未触达，但对企业的可持续产品有着惊人兴趣的细分市场。同时，根据共同的特征、行为和价值观对客户进行归类、细分并有效锁定目标客户。

设法创建更为个性化的宣传。 不再进行千篇一律的"追求环保"宣讲，转而使用人工智能来了解每位客户的独特故事，分析他们的购买历史、在线行为和社交媒体互动，明确他们的偏好和做出可持续选择时存在的障碍。

利用数据和人工智能合作测试。 在投资之前，先通过基于人工智能的情景模拟来预测不同合作模式的成功率。人工智能可根据专业知识、可用资源和受众共性，帮助确定理想的合作方。设法在合作伙伴间安全地共享数据，使人工智能获得更深入的见解，进而完善解决方案。

三、超越价格实现交付：优化体验总成本

在亚太、拉美以及中东和非洲地区，超过80%的消费者希望企业降低环保产品目前的售价。不过，让产品更便宜并非是提高可负担性的唯一途径。从长远来看，这涉及实现节约和收获价值两方面（见图五）。企业需要建立一种能优化消费者体验总成本的商业模式。

服务主导的商业模式可降低消费者的长期开支。例如，以服务形式提供的家用电器，人们可以在需要时取用，这样不但减少了电子垃圾，还能降低水电费，并释放宝贵的空间。

图五 在考虑产品或服务的"可负担性"时，消费者同时关注初始成本之外的因素

消费者在考虑产品或服务的可负担性时关注的要点
——亚太、拉丁美洲、中东和非洲

受访者占比

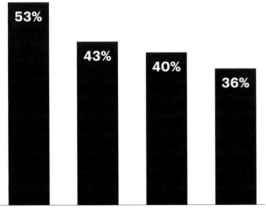

该产品或服务从长远来看能节省的金额（例如，电动汽车、太阳能板）	根据使用频率提供灵活定价（例如，按次付费）	维持或使用产品或服务的持续成本（例如，能源成本）	购买产品或服务的初始成本有多少（例如，原始价格）
53%	43%	40%	36%

资料来源：2023埃森哲绿色消费调研。

埃森哲认为企业可以通过以下三步推进实践

厘清客户当前的总拥有成本。 进行成本效益分析，了解消费者拥有企业当前所提供产品或服务的付出与收益，包括考虑初始成本、维护开支、时间、精力、存储成本和处置成本，以及各种潜在节降，如能源效率、资源保护和减少废物等。

深入挖掘核心优势，提高可及性。 获得更环保的解决方案不应成为一种特权。企业需要广泛调查不同市场中存在的障碍，探索触达低收入社群的商业模式，如按使用付费、社区共有模式，或者发行社会影响力债券。

化繁为简。 确保客户体验直观、简明、无缝，这样可以减少使用中的挫败感，提高价值感。

实现领先的机遇之门就在我们面前，而普惠性创新正是开启它的钥匙。普惠性创新将发挥至关重要的作用，使可持续发展与人们更加息息相关、更切实地融入我们的日常生活中。重塑自我的企业不仅能在新的竞争环境中斩获成功，还能加快向绿色经济转型。这样便可在保护地球的同时，达成企业的环境、社会和公司治理（ESG）目标。■

艾莉森·肯尼迪（Alison Kennedy）
埃森哲资深董事总经理、亚太区可持续发展与企业重塑业务主管

瓦伦丁·德米格尔（Valentin de Miguel）
埃森哲资深董事总经理、亚太区首席战略官

邱静博士
埃森哲商业研究院亚太区思想领导力研究负责人

安吉·席尔瓦博士（Dr. Angie Silva）
埃森哲商业研究院可持续发展思想领导力研究经理

业务垂询：contactus@accenture.com

CFO新要务：
力破颠覆困局，
开辟价值之路

文 杰森·戴斯、阿内尔·德拉瓦拉、米凯拉·科波拉、岳安娜

提要

当下颠覆层出不穷，根据埃森哲全球CFO前瞻调研（CFO Forward Study），过去四年变革速度增长了183%，仅2023年就增长了33%，约80%的受访CFO预计未来两年颠覆将愈演愈烈。

为了应对颠覆常态化，越来越多的企业更加仰赖CFO。凭借着对价值、增长和效率的独特洞见，CFO经常被视为领导企业施行全面重塑项目的理想人选。调研发现，90%的受访CFO对企业战略举措拥有决策权，面对日益严峻的颠覆挑战，93%的CFO认为他们被赋予了传统职责之外更大的责任，即加快战略决策、与高管团队合作，并贯彻变革计划，从而帮助企业迈向绩效新前沿。

埃森哲调查了来自14个国家、16个行业的1400多位CFO和高级财务主管，并与20多位CFO开展了深入访谈。基于这些洞察和见解，本文阐述了CFO如何打破颠覆困局，通过重塑创造全企业价值。

技术驱动下的多维颠覆

负责领导重塑的CFO要化挑战为机遇，就需要关注哪些颠覆性因素会影响企业当前和中期重塑进程以及价值创造。埃森哲全球CFO前瞻调研揭示，**技术进步、快速演变的消费者偏好、行业和跨界竞争**，以及**不断增加的资本成本**是当下企业面临的四大核心颠覆因素，值得注意的是，这四大核心因素的颠覆程度，相较目前将进一步提高（见图一）。

图一 颠覆性因素的当前水平与预期水平

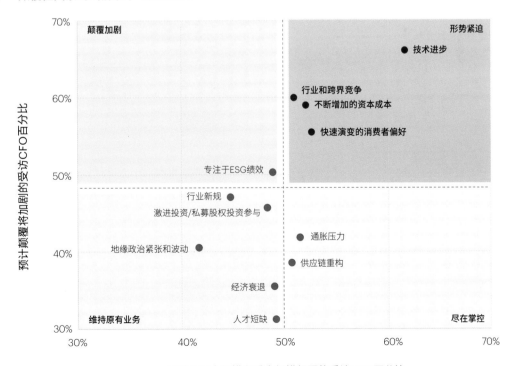

资料来源：埃森哲全球CFO前瞻调研。

所有业务和财务部门都面临着上述挑战,且企业的规模愈大,面临的挑战愈复杂。CFO前瞻调研的受访者预计,88%的大型企业未来两年的颠覆挑战将会更加严峻;90%的大型企业将面临三个或更多颠覆因素。不同之处在于颠覆因素如何影响企业(见图二),例如在生产型行业,技术很大程度上**影响着企业的运营方式**,而在服务型行业,技术**影响着客户体验和互动**。

图二 四大核心颠覆因素普遍存在于所有地区和行业

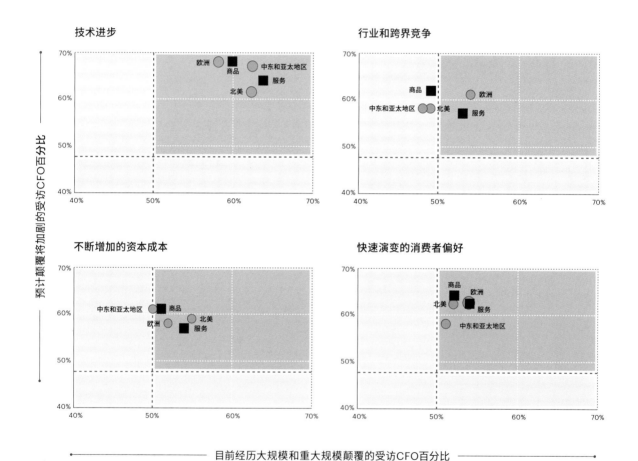

资料来源: 埃森哲全球CFO前瞻调研。

经过深入研究，我们总结了以下CFO需要优先解决的共通性关键问题。

面对技术进步，CFO的关键问题在于**如何将技术转变为企业重塑的催化剂**，尤其是如何利用强大的数字核心，释放云端现代化ERP、实时数据流、流程挖掘智能自动化（包括预测），以及生成式AI的力量。

在消费者偏好快速演变的情况下，核心挑战在于**CFO如何应对消费者与企业之间权力平衡的变化**。这需要CFO深入了解消费者偏好变化如何影响企业收入和成本、使用动态规划和实时场景来提高企业的敏捷性和响应能力，以及重新分配资本以适应企业未来发展。

行业内和跨界玩家的竞争日益激烈，挑战主要来自后入局者、正在改变游戏规则的平台型企业，跨行业企业的去中介化浪潮，以及寻求多元化的主权财富基金。CFO的关键问题在于**如何利用这种颠覆性因素推动创新、构建战略性生态关系，借此实现增长**。

面对不断增加的资本成本，**CFO的首要任务是厘清如何管理资产负债表，同时促进增长**。为了保持中期平稳发展，CFO需要制定有韧性、可持续的资本支出预算，主动管理现金流，重新思考债务融资投资、正现金流投资和股票回购，以及重组资产负债表等。

驭颠覆之风，创锦绣前程

CFO在应对颠覆时将会发现，这是一次改善运营和重塑企业的良机。那些将转型目标提升到与颠覆程度相匹配的公司，更有可能通过重塑来创造价值。

然而，CFO前瞻调研的大多数受访者将"一流"绩效目标作为基准，只有一小部分受访者更有雄心，致力于通过转型达到全新的行业绩效水准。根据调研，我们将CFO的转型抱负分为三档（见图三）。

图三 CFO的转型抱负可分为三档

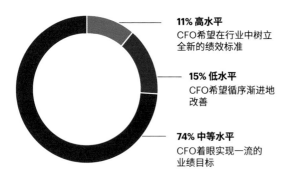

11% 高水平
CFO希望在行业中树立全新的绩效标准

15% 低水平
CFO希望循序渐进地改善

74% 中等水平
CFO着眼实现一流的业绩目标

资料来源: 埃森哲全球CFO前瞻调研。

具有高水平转型抱负的CFO更加专注于创造价值。超过八成（81%）的受访CFO在开始转型时就明确关注价值，这一比例几乎是雄心较低或中等的

CFO的两倍（见图四）。数据显示，**从转型一开始就优先考虑价值创造的企业，实现预期收益和成功结果的可能性是其他企业的两倍。**

图四 作为CFO，您所领导的转型，多大程度上是在聚焦价值创造的前提下开始实施的？

CFO的转型抱负

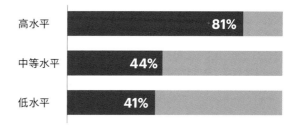

高水平	81%
中等水平	44%
低水平	41%

■ 很大或极大程度

▨ 很小或中等程度

资料来源: 埃森哲全球CFO前瞻调研。

作为企业风险预判和敏捷管理的核心，CFO的职责早已超越传统的财务职能（比如账务审计与管理），还包括支持业务决策和实现企业价值增长。我们认为，CFO可以在九个领域创造价值（见图五）。在本次调研中，受访CFO表示希望能够创造五种或以上的业务价值。

图五 CFO创造价值的九大领域

预期价值	描述	360°价值交付
降本增效	优化成本，提高效率： • 实现流程改进和效率提升 • 技术债务问题补救/IT支持	• 增加成本节降 • 释放产能 • 降低复杂性
运营	减轻可能影响业务运营的风险： • 未获得支持的IT系统 • 确保核心业务流程的稳健	• 继续开展业务 • 减少运营损失 • 保护股东价值
合规与控制	提高准确度和改善控制环境： • 改进操作控制 • 确保外部财务报告的准确性	• 无重大报错 • 减少控制问题 • 降低审计相关成本 • 遵守监管要求
可持续	满足可持续发展目标和义务： • 监管要求 • 资本配置	• 改善资本配置 • 提高可持续绩效 • 改善情景规划响应速度
韧性	准备好迎接下一次颠覆： • 气候影响 • 技术颠覆	• 提高正常运行时间百分比并减少事故 • 遵守监管要求 • 提高业务活力
数据	提供单一事实来源： • 生成跨企业的洞察 • 数据准确性	• 提高可扩展性 • 提高投资回报率（ROIC）可见性 • 提高对盈利能力的掌控 • 减少与监管相关的罚款
速度和敏捷性	敏捷快速地支持业务变化： • 业务重点的变化 • 战略决策	• 提高管理报告的速度 • 减少完成收购的天数
客户和人才体验	改善内外部利益相关者的体验： • 人才留存 • 人才招募	• 提高留存率，降低流失率 • 提高客户满意度分数（CSAT） • 减少应收账款周转天数（DSO）
洞察	产出可创造切实价值的洞察： • 利润率和收入改善 • 改善资本配置	• 提高盈利能力 • 促进收入增长 • 改善现金流

CFO新角色：未来价值引领者

虽然创造价值具有挑战性，但雄心勃勃的CFO可以通过在转型开始时明确关注价值，以此为成功奠定坚实基础。CFO若想从颠覆中创造价值，需要关注四项重要举措。

一、以终为始，聚焦价值创造

我们的CFO前瞻调研证实，具有远大价值创造抱负的CFO行动更加果决，能从转型中创造更多价值（见图六）。研究发现，在2019—2022年间，这些公司的收入增长比其他公司多出15个百分点，并且平均利润率（EBITDA/收入）比其他公司高出5.6个百分点。

图六 具有远大价值创造抱负的CFO能从转型中创造更多价值

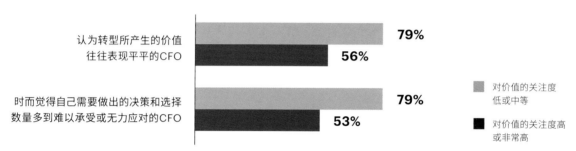

认为转型所产生的价值往往表现平平的CFO：79% / 56%

时而觉得自己需要做出的决策和选择数量多到难以承受或无力应对的CFO：79% / 53%

■ 对价值的关注度低或中等
■ 对价值的关注度高或非常高

资料来源：埃森哲全球CFO前瞻调研。

对所有CFO来说，注重价值创造和加速创新都是一项必要任务。CFO的首要任务是与高管层保持密切沟通，做到张弛有度，获得他们对战略的认可和支持，并确保其与企业优先事项保持一致。同时，灵活调整，践行企业价值观，高度关注核心业务价值，以便从转型和重塑实践中取得预期成果。

对于持有不同程度转型抱负的CFO来说，价值创造行动清单包括：

低水平的转型抱负	中等水平的转型抱负	高水平的转型抱负
• **采取行动之前先考虑价值。** 从一开始就以价值为目标。协调整个企业的价值目标和KPI，适时调整行动。 • **简化追踪。** 自动执行价值追踪和KPI报告，监控价值实现的进度。	• **定义价值框架。** 利用数据并设定目标，专注于企业的360°价值创造。创建共同的价值定义，调整行动以达到预期。 • **对早期价值收益进行再投资。** 制订转型计划以创造收益、节省成本，对转型进行再投资。此举可为后续阶段提供资金支持，确保在资金紧张时仍保持强劲发展势头。	• **将障碍转化为价值。** 专注于您的愿景、要交付的价值以及业务转型目标，而不仅仅是追赶竞争对手。率先直面最大的挑战，定义可以为企业创造360°价值的目标。 • **重新部署资本以实现最大价值。** 全面识别和衡量价值机遇，将资金转移到能够为整个投资组合带来最大价值的领域，平衡短期和长期投资。

二、技术、数据、人才三管齐下

技术、数据和人才是推动增长的动力，研究发现，通过高效结合数据、技术和人才，企业的营收生产力有望获得高达11%的溢价，但它们也是CFO交付价值的主要障碍（见图七）。

我们的研究表明，专注于价值管理的CFO能够更有效地管理这些障碍。一方面，他们意识到构建数字核心和充分利用数据的重要性，另一方面，他们倾向于在沟通和管理过程中投入同等甚至更多努力，来塑造公司文化，以实现高效协作。

技术架构：怀有远大转型抱负的企业会充分利用其数字核心，通过可互操作的企业级系统，充分利用所有企业数据、云和人工智能。可组合应用架构中应包含核心ERP系统、数据策略和企业Halo应用，这是创造目标价值以实现企业愿景的关键（见图八）。

数据：企业数据是价值创造的命脉，应当涵盖企业的专有客户、产品、运营和财务数据，宏观经济、人口普查、健康和科学等公开数据，以及第三方合作数据。

人才：为了充分利用数据和技术的价值，CFO还需要激发员工的潜力。我们接触的一些CFO会将三分之一的时间投入到人才储备工作上。

图七 交付价值的障碍

在您正在领导、已经领导或即将领导的转型中，您需要克服哪些主要障碍/挑战才能交付价值？

缺乏高质量数据
35%

缺乏技术基础设施/原有技术
29%

缺乏技能和必要的专业知识
29%

难以追上环境变化的速度
26%

可用资金不足
24%

没有向内部利益相关者提出价值主张
20%

缺乏明确的路线图
20%

反对变革的企业文化
20%

参与战略决策的授权不足
19%

跨职能利益相关者之间意见不统一
18%

职能或部门孤岛
18%

资料来源：埃森哲全球CFO前瞻调研。

图八 集合技术、应用和工具

从预期的价值……

优化运营
- 成本效益
- 运营要务
- 合规与控制
- 可持续
- 韧性

加速增长
- 数据
- 速度和敏捷性
- 客户和人才体验
- 洞察

战略

运营模式

业务案例

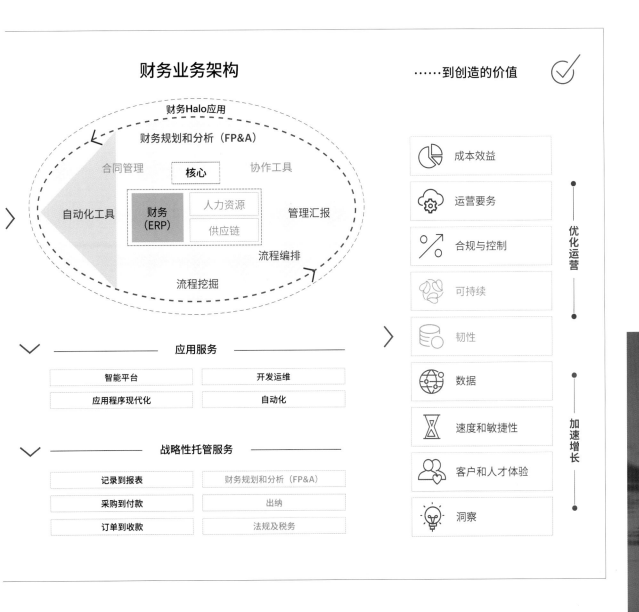

财务业务架构

……到创造的价值

财务Halo应用

财务规划和分析（FP&A）

合同管理　　核心　　协作工具

自动化工具　　财务（ERP）　人力资源　供应链　　管理汇报

流程编排

流程挖掘

成本效益

运营要务

合规与控制

可持续

韧性

数据

速度和敏捷性

客户和人才体验

洞察

优化运营

加速增长

应用服务

智能平台	开发运维
应用程序现代化	自动化

战略性托管服务

记录到报表	财务规划和分析（FP&A）
采购到付款	出纳
订单到收款	法规及税务

对于持有不同程度转型抱负的CFO来说，技术、数据、人才行动清单包括：

低水平的转型抱负

- **保持单一事实来源。**
  创建一个集中式数据中心，将其作为基于企业历史数据的单一事实来源。

- **定义参考架构。**
  创建当前技术和生态系统格局的概述。根据当前状态评估和未来愿景，设计参考架构的蓝图。

- **完善成熟技术。**
  携手知名生态系统供应商和合作伙伴完善和实施成熟技术，发展现有技术格局。培养选定部门的技术敏锐度。

- **从财务以外的视角看待转型。**
  与整个组织中的各利益相关方合作，识别跨职能部门的价值机遇。

- **积极拥抱革新。**
  建立综合团队，为转型工作引入不同的技能、观点和思维。

中等水平的转型抱负

- **建立强大的数字核心。**
  在云端创建数据中心，整合企业内部数据与外部数据源，从而创建具有回顾性和前瞻性洞察的单一事实来源。

- **完善功能参考架构。**
  将技术、投资和实施集中到明确定义的功能参考架构中，以实现整个生态系统的紧密集成。

- **尝试新兴技术。**
  联合新的和现有的生态系统供应商和合作伙伴，在集中式环境中测试新兴技术，发展现有技术格局。提高跨部门流程的技术敏锐度。

- **在开展工作时具备紧迫感和协作精神。**
  召集团队，并激励团队始终专注于转型举措所要交付的价值。

高水平的转型抱负

- **发展整个企业的数字核心。**
  通过可靠的数据治理结构完善云端数据中心设置，提高数据的质量和可用性，开发更高级的分析和洞察。

- **完善端到端参考架构。**
  将技术投资集中到强大且定义明确的企业参考架构中，实现跨企业乃至整个生态系统的无缝端到端集成。

- **系统地探索新兴技术。**
  通过在全企业和广泛生态系统范围内试验和实施新兴技术，发展现有技术格局。不断发展整个企业的技术敏锐度，发现部门内部和跨职能新机遇。

- **培养敏捷而灵活的领导风格。**
  调整与同事和团队成员的合作方式，有效管理相互冲突的优先事项并做出权衡取舍，建立共识来实施必要的行动。

案例研究

一家全球金融服务机构启动了一项多年期转型计划，希望重塑财务和风险管理部门。整个愿景以数据为锚，由风险、财务、企业数据、市场和信贷业务部门支持，聚焦于满足利益相关者的需求。相关举措包括采用集中式数据模型和云端数据产品来简化和优化约500个应用中复杂的点对点系统流程，从而删除约2000个终端用户电子表格和应用。

此次转型有望帮助该机构增强合规性和管控，提高数据利用率，挖掘出切实可行的洞察，提升客户和员工体验，同时提高成本效率。重塑完成后，有望为整个集团每年带来一亿美元以上的财务效益。

三、合作为王：协作使转型事半功倍

作为转型负责人，CFO需要扩大其影响范围，跨越多个职能开展工作和进行监督。我们发现，72%的受访CFO称他们领导的转型会影响三个或更多职能。CFO若能将思维从"跨职能竞争"转变为"齐心协作"，其收入增长速度有望高出同行四倍；同样，擅长协作的CFO实现企业目标的可能性是同行的两倍。

如今的企业需要打造无边界联盟，包括与生态系统供应商和合作伙伴建立联系，实现互利共赢。合作可以有多种形式，包括共同进行未来投资以减少资本部署；开展大规模合作以灵活调整成本；使用预先构建的加速器解决方案协作创新以促进增长。此外，建立坚实的CEO—CFO合作关系，可以更高效地创造价值，以及处理相互冲突的业务目标。

对于持有不同程度转型抱负的CFO来说，协作行动清单包括：

低水平的转型抱负	中等水平的转型抱负	高水平的转型抱负
• **与高管层和业务领导合作。** 就优先事项和挑战不断寻求其他部门的意见，管理对立观点和意见，推动齐心协作的工作模式。 • **寻求合并预算，共同投资**于基础数据、技术和技能培训。	• **培养协作精神。** 激励并促进整个企业的协作。开展内部活动来鼓励跨职能问题解决。 • **与生态系统供应商和合作伙伴共同投资。** 与已投资相关技术和解决方案的生态系统成员建立联盟。	• **开展大规模合作。** 与外部供应商和生态系统合作伙伴紧密联系，了解前沿趋势以及同行动态。 • **与生态系统成员联合创新。** 携手值得信赖的供应商和合作伙伴，借助外部观点和投资，开辟新的价值流。

案例研究

Graphic Packaging是一家百年纸质包装企业，在全球拥有130多家工厂。几年前，他们开始进行可持续转型，以满足不断变化的客户、员工和生态系统期望。

他们以可持续愿景为方针指导业务战略，设定可衡量的业绩目标。该公司在整个价值链中部署垂直整合的业务模式以增强竞争力，改善长期前景的同时确保股东近期回报。此外，该公司重新调整业务以适应增长型市场，并继续致力于开发创新包装解决方案。

在为期多年的可持续转型过程中，财务部门一直是主力军，未来也将继续发挥关键作用。财务部门负责监督并购战略，为新产品开发和创新团队提供专用资源，并与包括业务部门负责人在内的整个企业的利益相关者合作，系统地实现打造可持续企业这一共同目标。

四、生成式AI为财务部门和企业创造价值

CFO需要以身作则，善用人工智能。根据美国工人数据预估，财务部门是最有可能通过生成式AI实现转型的部门之一，平均而言，生成式AI有望深度影响财务部门69%的工作时间。42%的工作时间可以实现自动化，28%的工作时间则可以通过生成式AI获得增强。

97%的受访者预计，人工智能和生成式AI的更广泛应用将改变人们对CFO职能及工作方式的预期。许多受访者都非常认同这一观点，但仍处于行动初期阶段，尚未抓住这一机遇。

事实上，借助生成式AI，CFO可以重塑不同的财务领域。根据我们与各行业客户合作的经验，生成式AI可以应用于50多个情境并创造切实效益（见图九）。

图九 生成式AI用例

财务与会计业务			财务规划与分析	
记录到报表（R2R）	**订单到收款（O2C）**	**采购到付款（P2P）**	**战略规划和压力测试**	**管理汇报和分析**
■ 欺诈性总账过账识别	■ 催收效率提升：自动跟进、催款、增信	■ T&E/实时状态/响应	■ 对综合性预测提供反馈	■ 场景生成和建模
■ 财务报表批注生成	■ 实时客户响应和解决	■ T&E合规/审计	■ 综合不同来源的预测	■ 创建业务绩效叙述
■ 法规数字化和可追溯性	■ 自动发票生成和对账	■ 发票和付款处理对账		■ 创建临时报告
■ 资产负债表对账及实时差异预警	■ B2B客户的产品推荐			

企业财务和风险			
管控	**出纳**	**投资人关系**	**风险**
■ 管理层讨论与分析（MD&A）创建	■ 实时流动性管理	■ 投资者日准备	■ 及早发现欺诈和洗钱行为
■ 总账调整生成	■ 流动性报告评论	■ 分析、问题准备	■ 识别营销中的消费者责任违规情况
	■ 风险情景建模	■ 管理层讨论回顾	■ 优化数据和业务控制

生成式AI可实现的价值

高	中	低

对于持有不同程度转型抱负的CFO来说，生成式AI行动清单包括：

低水平的转型抱负	中等水平的转型抱负	高水平的转型抱负

- **考虑超越概念验证的生成式AI。**
考虑企业防护措施、企业抱负和人工智能风险控制将如何影响生成式AI的扩展应用。

- 从预先选择构建和扩展的用例开始，**快速识别价值。**

- **建立强大且可扩展的基础。**
为生成式AI实验提供安全且可扩展的沙盒环境。实施预先构建的用例架构。

- **开发并调动生成式AI运营模型。**
确定生成式AI运营模型的基本结构、治理、能力和职责。举办研讨会，探讨风险和负责任的人工智能等话题。

- **优先考虑价值获取。**
协调整个企业的人工智能用例获取流程。定义并确定关键用例的优先顺序。定义跨越式用例并确定其优先级。

- **构建可扩展的架构。**
创建可重复的架构和资产以支持多个用例原型。使用监控塔了解活跃试点的情况。

- **启动规模化执行。**
建立变革管理和角色分析框架。制订变更和支持计划，包括将如何管理人工智能风险纳入路线图。

- **部署系统以捕获价值。**
构建业务案例和KPI模板，确定优先级和选择标准。

- **设计战略性的生成式AI生态系统。**
创建供应商和模型评估框架，以及成本估算器。构建新的用例架构。

案例研究

增强信息管理

一家美国制药公司利用生成式AI直接解答客户针对性问题，客户无需再阅读整个文档来获取答案。

完善汇报以提高响应能力

一家全球消费品公司正在寻求利用生成式AI的力量，将其静态、复杂且孤立的财务报告系统转变为以用户为中心的无缝端到端报告系统。

一家全球金融服务机构正在寻求使用生成式AI，将高度依赖人工的监管报告流程转变为可以从600多份监管报告追溯到数百份收益的监管规则的流程。

改进合同管理

一家科技公司正在使用生成式AI，通过类似ChatGPT的前端来增强其供应商合同数据存储解决方案。这样，员工就能够轻松访问合同数据和元数据，以更高的准确性和效率分析合同。

CFO们需要意识到：技术是颠覆的主要来源，也是价值的最重要驱动力，专注于价值创造可以帮助CFO和高管团队明确目标和优先级，且越早设定远大抱负，越能够帮助公司创造更多商业价值。

面对颠覆新常态，CFO们应当培养感知变化的能力，提升企业敏捷性以做出最佳响应；积极利用颠覆因素打造竞争优势，包括善用人机协作实现价值创造等；未雨绸缪，提高财务部门和整个企业的技商（TQ），培养企业全面掌握和应用新兴技术的能力，并以开放的心态和创新思维应对颠覆，借鉴行业最佳实践。抓住机遇，迎接挑战，企业才能在激烈的市场竞争中立于不败之地。◪

杰森·戴斯（Jason Dess）
埃森哲资深董事总经理、财务与企业价值全球业务主管

阿内尔·德拉瓦拉（Aneel Delawalla）
埃森哲资深董事总经理、财务与企业价值

米凯拉·科波拉（Michela Coppola）
埃森哲商业研究院财务与企业价值研究全球主管

岳安娜（Anna Yue）
埃森哲财务与企业价值总监

业务垂询：contactus@accenture.com

迈向下一代供应链

文 麦克斯·布兰切特、布拉德·帕沃洛斯基、梅丽莎·特温宁-戴维斯、斯蒂芬·迈耶

提要

　　我们正身处一个颠覆浪潮接踵而至的时代，传统的基准、流程和工作方式已无法满足业务需求，企业必须优先考虑并着手构建下一代能力。正如导航技术经历了"观星定位—纸质地图—导航系统—自动驾驶"的历史沿革，供应链网络也在以相似方式发展成熟。下一代能力将跨越供应链、运营和技术等职能，使企业可以不断重塑供应链网络，更轻松快捷地适应种种变化，并在新技术出现时将其无缝融入网络当中。

　　埃森哲最新研究显示，大多数企业在实现供应链网络的下一代能力成熟度方面还有很长的路要走，只有很小部分（10%）企业已经或正在应用先进的技术驱动型能力，多维度地交付业务价值。考虑到这些能力在加速业务转型方面的作用，先行者与滞后者的差距只会越拉越大。因此，所有企业都必须立即行动起来，以免陷入疲于追赶的境地。

构建下一代供应链能力

　　如今，气候、地缘政治和基础设施等领域的冲击接踵而至，我们不仅面临着各国竞争力的重大变化，还在目睹经济区域化进程的加速。随着新环境形成，企业不得不应对一系列愈发复杂的变量。以往，企业主要考量成本、质量和服务，通过全球化采购、低成本寻源、规模化生产和全面质量管理计划等方法来实现目标，但是现在它们必须付诸更多努力，企业更为复杂的业务优先事项清单明确反映了这种态势（见图一）。

图一 首席高管的业务优先事项

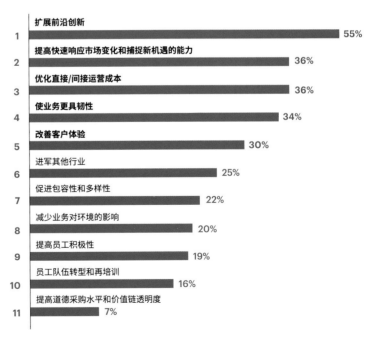

资料来源：埃森哲企业供应链与运营能力全球调研，2023年。

样本：所有受访企业（N=1148家企业）。

若想在崭新的商业世界中脱颖而出，企业需要跨越供应链网络和运营两方面，构建更成熟的能力。所谓"成熟"是指企业的供应链能力能否运用生成式AI、先进的机器学习能力和其他不断发展的技术，进行自主决策、高级模拟和持续改进。这些能力能够帮助企业更从容地适应变化，并在新技术出现时无缝采用。

我们认为成熟度可划分为四个不同的阶段：

- **成熟度1.0：** 利用传统技术运营，数据可见性有限，任务和决策高度依赖人工参与。

- **成熟度2.0：** 利用一些数字工具来完成基本的运营任务，日常工作已部分实现数字化。

- **成熟度3.0：** 整合多种来源、情境化的高质量数据，采取生态友好型的实践做法，并建立强有力的生态系统联系，在整体运营中扩展数字化转型。

- **下一代：** 通过数据分析和AI驱动型洞察，利用生成式AI和先进的机器学习能力支持自主决策、高级模拟和持续改进。

根据上述概念及成熟度四阶段，我们全面审视了供应链七大领域29项关键能力（见图二）。

图二 我们评估了供应链七大领域中29项能力的成熟度

	成熟度1.0
敏捷设计	· 按照V字形开发流程方法进行设计 · 由技术专家在内部进行创新 · 利用单项最佳功能组合设计解决方案
智能采购	· 沿用繁重的采购流程 · 通过内部工具和监测面板收集支出数据 · 供应商关系聚焦于产品、价格和功能 · 集中化的采购至付款（R2P）流程政策，数字化[正]在推进 · 以最低到岸价格采购原材料、货物和服务 · 人工估算商品/服务成本 · 最低限度地使用价格指数风险管理策略/工具
柔性制造和自主运营	· 已部署数字监测面板，为员工提供信息 · 已部署精益制造体系 · 推动式的批量生产系统 · 资产具有固定的产能和可用性
快速物流	· 在新产品导入期间建立和优化供应链网络 · 仓库运营由人工管理或依赖基础工具 · 依赖人工执行订单分配流程 · 排期和运输调度任务普遍由人员在本地执行
预测型服务	· 产品销售搭配服务合约，开启额外的创收潜能 · 部署售后服务现场人员，处理产品故障或替换备[件] · 工厂车间依靠传统的现场团队进行服务运营
可持续设计	· 减排行动计划主要关注范围1和范围2的减排 · 产品和部件退货仅适用于质量或其他客户服务问[题]
供应链整合	· 手动预警系统，所有中断信息通过电子邮件发送 · 通过手动聚合各种信息来源，实现端到端可见性 · 利用Excel表格进行临时模拟 · 基于销售历史和市场调查的需求预测 · 供应规划在本地完成 · 销售与运营规划（S&OP）与需求和供应保持一致

熟度2.0	成熟度3.0	下一代
·行设计 ·放式创新 于需求的设计	· 利用并行设计优化绩效 · 敏捷的使用方式创新 · 基于体验的设计	· 利用生命周期并行设计优化绩效 · 敏捷的突破式创新 · 基于生成式AI的设计
准化的寻源至合同 (S2C) 流程 出数据与洞见 应商管理 在建立集成化的R2P流程 应基地更靠近需求市场 用标准化的方法和工具估算成本 指数挂钩合约	· 自助式S2C流程 · 内部数据与洞见 · 供应商管理平台 · 网络化的R2P流程 · 供应商优先排序模型 · "应该成本"建模 · 大宗商品价格风险管理	· 自主执行的S2C流程 · 内部和外部数据 · n级供应商的可见性 · 无接触的R2P流程 · 自适应的采购策略 · 预测式成本模型 · 用于管理大宗商品价格风险的工具套件
机互联协作 字化的精益制造 动式生产系统 固定型资产	· 利用数字驾驶舱和工具增强员工能力 · 远程制造 · 拉动式、脱钩化的生产系统 · 灵活型资产	· AI赋能员工队伍 · 自主制造 · 全拉动式柔性生产系统 · 无缝制造或购买
络优化的目的是降低成本 仓库管理和自动化模拟 动态化的订单分配 运输管理系统	· 网络优化的目的是获取服务收入 · 动态化的仓储管理 · 多渠道履约 · 自动化的先进工具	· 动态网络优化 · 跨企业的物流服务 · 全渠道履约 · 延伸至企业之外的统一共享平台
务（包括服务合约）作为 产品的附加部分 通过互联设备提供售后服务 利用远程诊断支持现场团队	· 增值服务 · 前瞻性、预测性的服务（互联产品） · 使用虚拟现实技术的现场人员和远程控制中心	· 基于产出的商业模式：销售正常运行时间 · 产品设计中纳入了可服务性 · 配备远程帮助/控制中心的自助服务
在传统业务中加入被动的可持续举措 围绕成本的循环经济——如果具备成本效益,则进行维修	· 基于模型的可持续设计 · 围绕盈利的循环经济——为了转售进行修理	· 基于模型的全生命周期可持续性 · 围绕企业社会目标的循环经济——重复使用每个组件
涵盖n级供应商的中断预警 端到端应供应链可视性 使用模式驱动的数字孪生 需求规划：利用平台进行统计预测 依托平台制定供应规划 销售和运营规划	· 涵盖n级供应商的中断分析 · 可提供建议的端到端供应链可视性 · 针对职能的数字孪生 · 利用需求感应,优化"即期"业务调整 · 用于供应规划的互联软件平台 · 综合业务规划 (IBP)	· 利用供应中断解决方案,最大限度地减少影响 · 可提供建议的端到端供应链网络可视性 · 生命周期数字主线/数据连续性 · 利用超越"即期"阶段的预测工具来支持需求塑造 · 完全整合的供应规划平台 · 利用流程编排支持洞察驱动的综合业务规划

资料来源：埃森哲企业供应链与运营能力全球调研,2023年。

提升供应链成熟度任重道远

基于上述框架，我们评测了1000家企业，并在阶段图谱中计算了企业总体供应链成熟度分数。如图三所示，我们的指数评测表明，企业成熟度普遍不足。许多企业已广泛应用1.0功能，多数企业也正在应用更为先进、以技术支持的2.0功能，但它们并未更进一步。在我们所调研的企业中，若以100%表示完全成熟，成熟度指数得分的中位数仅为30%，而平均值也只有36%。

我们还发现，所有行业的供应链平均成熟度十分相近，成熟度最高的行业包括公用事业、高科技、金属与采矿，而成熟度最低的行业为消费品与服务、生命科学和化工。但在每个行业内，企业之间的成熟度可能有着天壤之别。

为何能力成熟度如此重要？整体成熟度得分位于前10%的"领军企业"给出了答案。这些领军企业正在大力投资新兴技术，特别是AI和生成式AI技术，从而以更高的成熟度打造我们模型中所提到的29种能力，并有效应用。它们的成熟度得分达到了其他企业的两至三倍，并因此收获颇丰（见图四）。

图三 全球企业供应链成熟度指数

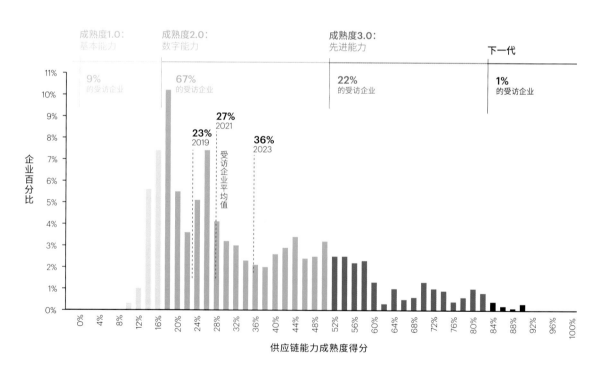

资料来源：埃森哲企业供应链与运营能力全球调研，2023年。样本：所有受访企业（N=1000家）。

图四 财务绩效——领军企业*与其他企业对比

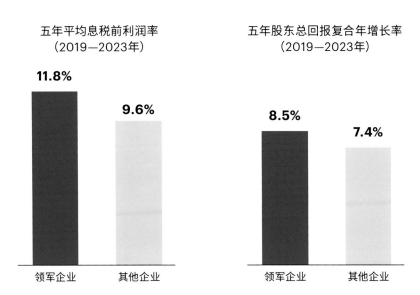

五年平均息税前利润率
（2019—2023年）

五年股东总回报复合年增长率
（2019—2023年）

*领军企业为得分排名前10%的受访企业。
资料来源：埃森哲企业供应链与运营能力全球调研，2023年。样本：所有受访企业（领军企业 N=100家，其他企业 N=900家）。

　　领军企业的供应链网络不仅可以创造更为巨大的业务价值，而且价值类型也愈发多样。它们能够超越传统的产品交付，专注于推动可持续性和韧性，并在此过程中树立新的竞争优势（见图五）。

图五 企业领导者如何看待自身供应链

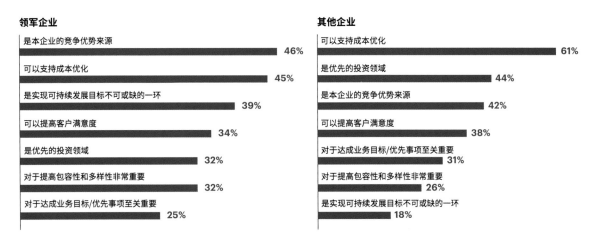

领军企业

是本企业的竞争优势来源	46%
可以支持成本优化	45%
是实现可持续发展目标不可或缺的一环	39%
可以提高客户满意度	34%
是优先的投资领域	32%
对于提高包容性和多样性非常重要	32%
对于达成业务目标/优先事项至关重要	25%

其他企业

可以支持成本优化	61%
是优先的投资领域	44%
是本企业的竞争优势来源	42%
可以提高客户满意度	38%
对于达成业务目标/优先事项至关重要	31%
对于提高包容性和多样性非常重要	26%
是实现可持续发展目标不可或缺的一环	18%

资料来源：埃森哲企业供应链与运营能力全球调研，2023年。样本：所有受访企业（领军企业 N=119家，其他企业 N=1029家）。

某全球食品厂商重塑供应链，以实现净收入翻番

一家拥有40个分类品牌的全球领先食品厂商正着手为其三年期增长与盈利战略注入强劲动能。在这项行动中，公司以供应链作为主要的发力方向，计划端到端地重塑规划、采购、制造和分销等各个环节。其目标是构建一套持久的供应链能力，不仅在短期内支撑业务增长与盈利，更能确保业务始终蓬勃发展。

这是一项庞大的工程。成功的关键之一便是校准供应链能力，使企业可以实时响应消费者和客户的优先考量。为此，公司使用生成式AI来完善供应链与业务部门之间的协调和决策。具体而言，改进工作全面涵盖了制订需求计划等战术领域，以及为产品组合决策提供预测信息等战略领域，而后者有望精简产品组合达30%。

变革的最终目标是将数据与技术赋能工具（谷歌云平台、o9决策平台、企业资源计划系统等）、智能自动化方案和供应链即服务能力相结合，打造面向未来的组织模式，由此在信息类工作中释放多至50%的生产力。该项目已妥善规划，有望在未来三年内实现企业净收入翻番，其创造的价值可以完全满足供应链能力建设所需的投资。

这些价值源自企业投入的资源、革新产品的设计和制造方式，而非改变产品本身。我们调研的其他企业渴望效仿领军者，通过加大在自动化和数字化方面的投资来提升供应链成熟度（见图六）。

随着领军企业雄心勃勃地投资于下一代能力，我们看到两极分化状况正日益加剧——它们的投资力度是其他企业的四倍（见图七）。领军企业在形成加速前行的良性循环，对比之下，许多组织陷入了行动迟缓、愈发滞后的恶性循环。

图六 推进供应链自动化和数字化的投资

针对供应链韧性的投资
占企业收入的百分比

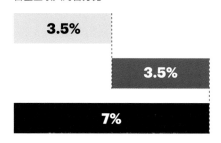

用于实现工厂和仓库工业自动化的投资

用于实现供应链和制造业务数字化的投资

针对供应链韧性的投资，按行业划分
占企业收入的百分比

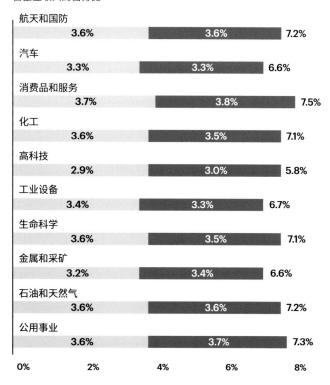

资料来源：埃森哲企业供应链与运营能力全球调研，2023年。
样本：所有受访企业（N=1148家企业，各个行业的样本量有所不同）。

图七 领军企业正在以更快的速度进行能力投资

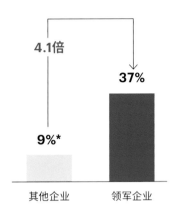

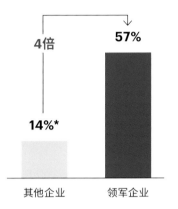

计划将5%以上年收入投资于工业自动化的企业比例

将5%以上年收入投资于供应链和制造业务数字化的企业比例

*调研中符合条件的领军企业和其他企业在其各自群体中所占的百分比。
资料来源：埃森哲企业供应链与运营能力全球调研，2023年。
样本：所有受访企业（领军企业N=119家，其他企业N=1029家）。

令人振奋的是，企业已普遍认识到这种紧迫性，并知晓自身需要怎样努力才能完成任务（见图八）。我们调研发现，全球各地企业都在积极转型，期望在两年内达到80%的成熟度3.0能力水平。

图八 打造更高运营成熟度的全球转型进程

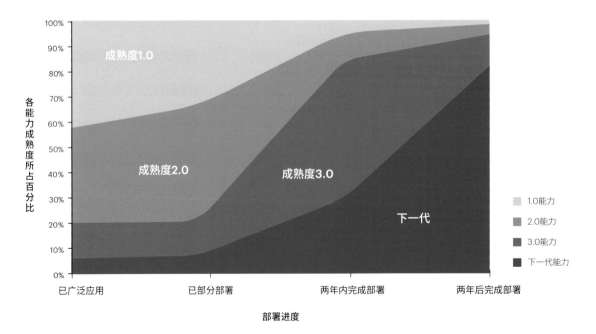

资料来源：埃森哲企业供应链与运营能力全球调研，2023年。样本：所有受访者（N=3000位企业高管）。

成熟度四大赋能支柱

供应链与运营领导者必须厘清，如何确保投资转化为能力成熟度的提高和业务价值的切实增长。埃森哲认为，提高成熟度的关键在于四大赋能支柱，它们共同形成了支撑企业部署和扩展下一代能力的基础架构。这些支柱并非新生事物，但其紧迫性正日渐突出，事实上，它们对于充分发挥生成式AI等新技术的潜能必不可少，是整个运营体系能力成熟度持续攀升的根基。

支柱一：现代化的互联IT版图

许多企业仍在沿用一系列分散且陈旧的供应链管理工具，这些工具普遍由企业自行开发。近六成的受访高管都坦承，其供应链的技术基础杂乱包含了大量的传统工具、多种企业资源规划解决方案以及电子表格和数据库管理系统等通用办公软件（见图九）。

领导者需要优化企业平台、创建数据基础并部署云原生的平台及应用程序，以此加强自身的数字核心。依托这种由云、数据和AI等技术构成的基础，供应链网络可以运用一套互联互通的工具，整合从规划到执行的所有主要的供应链流程。领军企业拥有这些结构化互联工具的可能性是其他企业的近两倍。企业唯有具备这种现代化的技术基础，方可始终如一地管理类型丰富的大量数据并将其联系起来，增强对于整条供应链的洞察力，同时提升自动化水平。

图九 企业的基础工具组合目前具备怎样的先进程度和统一程度

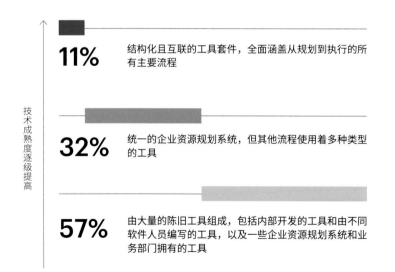

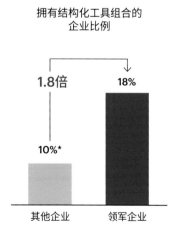

技术成熟度逐级提高

11% 结构化且互联的工具套件，全面涵盖从规划到执行的所有主要流程

32% 统一的企业资源规划系统，但其他流程使用着多种类型的工具

57% 由大量的陈旧工具组成，包括内部开发的工具和由不同软件人员编写的工具，以及一些企业资源规划系统和业务部门拥有的工具

拥有结构化工具组合的企业比例

1.8倍

10%*

18%

其他企业　　领军企业

*调研中符合条件的领军企业和其他企业在其各自群体中所占的百分比。

资料来源：埃森哲企业供应链与运营能力全球调研，2023年。样本：所有受访企业（领军企业 N=119家，其他企业 N=1029家）。

支柱二：先进的数据平台

数据质量欠佳仍是大多数企业面临的难题。错误、缺失或过时的数据，加上多个系统使用不同数据格式导致的转换问题，使企业无法利用强大的解决方案来真正整合供应链，即跨越横向和纵向领域，与其他职能部门、客户及供应商紧密衔接在一起。

解决之道在于，搭建先进的运营数据平台，整合形成统一且互联的数据模式，将数据转化为有实际意义且贴合业务情境的洞见。这种基于云的现代化平台有助于企业克服各种常见障碍，包括数据可访问性、可信度、准备程度和及时性。企业迫切需要利用该平台连接供应链网络的不同部分。而AI系统也必须以此为基础，才能充分发挥威力，增强和重塑运营工作流程，打造更为合理、更具吸引力的客户和员工体验，推动新一轮的产品和市场增长。

我们的分析显示，就部署带有统一互联数据模式的高级运营数据平台来看，领军企业这样做的可能性是其他企业的3.3倍（见图十）。截至目前，只有13%的受访企业已成功部署此类平台。

图十 企业如何管理和使用数据

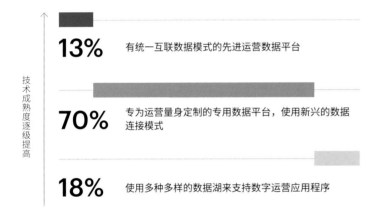

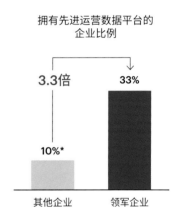

拥有先进运营数据平台的企业比例

*调研中符合条件的领军企业和其他企业在其各自群体中所占的百分比。
资料来源：埃森哲企业供应链与运营能力全球调研，2023年。样本：所有受访企业（领军企业N=119家，其他企业N=1029家）。

支柱三：本地化的采购和生产布局

根据埃森哲调研，过去企业经历的业务中断事件已经促使许多企业开始着手消除其供应和生产网络中的薄弱环节，72%的受访企业计划在未来三年内实施多来源战略，而目前已采用这种方式的企业占比为42%，到2026年，开展区域采购的企业比例有望从38%增长至65%，而选择在多个工厂进行产品制造的比例预计也会从41%上升为78%。[1]

企业需要掌握更为先进的能力来支持这些灵活的新模式，同时降低随之而来的复杂性。以往，企业利用集中式的生产和供应基地满足全球业务需求，管理难度相对较低，现在企业必须升级管理能力。在实施重大变革以实现供应链网络本地化并增强韧性时，企业应评估和增强自身能力的数字成熟度，从而能够前瞻性地简化运营、改善资源分配，以及调整产能水平，最终收获更多价值。

---

1. 《打造韧性企业 开创增长新局》，埃森哲，2023年，https://www.accenture.cn/cn-zh/insights/industry-x/engineering-supply-production-resiliency。

支柱四: 敏捷的组织架构

企业中往往存在很多运营孤岛,每座孤岛中又运行着太多的应用程序,这些应用程序之间的互联程度极低,无法支持业务的有效开展。企业必须创建"全组织平台",在整个企业中培养高度敏捷性。典型范例就是能执行所有财务、IT和人力资源管理流程的全球托管服务运营;另一种则是与产品相关的模式,贯穿了市场感知、客户体验、产品设计与开发以及产品组合管理。面向运营的端到端组织平台,能够在整个企业内部以及业务合作伙伴之间建立数字连续性,并且在从设计到服务的全过程中将产品和流程充分联系在一起。领军企业拥有这种能力的可能性是其他企业的3.3倍(见图十一)。

组织敏捷性的另一项关键要素,就是打造技能娴熟、善用技术的员工队伍。生成式AI正在支持全体员工参与流程的重新设计,从装配工人到客服代理,再到实验室科学家,每个人都有能力重塑自身的工作流程。这意味着一次难得的契机,企业可以在新型增效工具帮助下,组建起更加敏捷、更具适应性、更富生产力的员工队伍。为此,企业领导层必须描绘出愿景,路径清晰地引导整个组织进行全面重塑。

图十一 企业在多大程度上实现了端到端的数字连续性

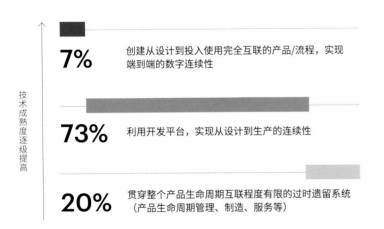

技术成熟度逐级提高

7% 创建从设计到投入使用完全互联的产品/流程,实现端到端的数字连续性

73% 利用开发平台,实现从设计到生产的连续性

20% 贯穿整个产品生命周期互联程度有限的过时遗留系统(产品生命周期管理、制造、服务等)

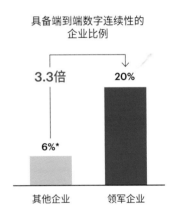

具备端到端数字连续性的企业比例

3.3倍

6%* 其他企业

20% 领军企业

*调研中符合条件的领军企业和其他企业在其各自群体中所占的百分比。

资料来源: 埃森哲企业供应链与运营能力全球调研, 2023年。样本: 所有受访企业(领军企业 N=119家,其他企业 N=1029家)。

投资建设高度成熟的下一代供应链能力绝非可有可无之举。其目的不是逐步提高效率,或是最大限度地扩展当前运营。而是意味着借助新技术和新工作方式,从根本上重塑供应链,从而利用下一代能力持续攀升至更高的业务绩效水平。当前,许多灵活敏捷的企业与锐意进取的数字驱动型初创企业已厉兵秣马,期望占据领先地位。面对这一形势,每家企业都必须付诸努力,才能确保在市场中继续占有一席之地。◪

麦克斯·布兰切特 (Max Blanchet)
埃森哲资深董事总经理、全球供应链与运营战略主管

布拉德·帕沃洛斯基 (Brad Pawlowski)
埃森哲北美供应链与运营业务、云优先业务主管

梅丽莎·特温宁-戴维斯 (Melissa Twining-Davis)
埃森哲资深董事总经理、全球供应链业务智能运营主管

斯蒂芬·迈耶 (Stephen Meyer)
埃森哲商业研究院高级总监、供应链与运营业务

业务垂询: contactus@accenture.com

人在回路：
通过"摩擦"构建人与大模型之间的信任

文 杜保洛、阿纳·D.查克拉博蒂、菲利普·鲁西雷、帕特里克·康诺利

提要

ChatGPT自2022年11月发布至今，热度始终不减，但与此同时，它也给企业管理者带来了新的挑战。一方面，企业领导者深知，绝不能忽视生成式AI大语言模型（LLM）的潜力；另一方面，各方对于其中的偏见、缺乏准确性和安全漏洞等问题也日益担忧，对这些模型难以充分信任。

在这样的背景下，负责任地使用大语言模型对于安全部署生成式AI至关重要。人们正在建立共识，认为人类必须参与到AI的工作过程中，这被称作"人在回路"（human-in-the-loop），即人类必须发挥监督和干预作用，算法则相当于正在见习的学徒。除此之外，我们必须制定负责任的AI原则，帮助用户正确理解AI模型及其局限性，识别AI生成的内容中，哪些需要经过人工筛选、事实检查，甚至彻底审核。

为此，埃森哲与麻省理工学院合作进行了一项研究，利用埃森哲The Dock创新中心开发的工具，识别大语言模型内容中的潜在错误，并且检测增加"信息摩擦"可以在多大程度上产生预期效果，即增强人类参与和干预的益处。实验结果表明，有意识地在审核大语言模型生成内容的过程中增加摩擦，可以提高准确性，但不会显著拉长完成任务所需的时间。这对企业更负责任地部署生成式AI应用程序具有积极意义。

摩擦实验，探索"人在回路"效率

在数字化客户体验领域，"摩擦"无疑是一个负面概念。所谓"摩擦"，是指信息在传递、获取或处理过程中由于各种因素导致的延迟、误解或失真现象。企业都在努力消除摩擦，以满足用户需求。但埃森哲研究显示，企业应当接纳有益摩擦，以此完善AI内容产出的过程。有益摩擦是指在工作流程或系统中有意引入的、轻微的阻碍或干预措施，目的是促使用户更加审慎地思考或检查他们的操作和决策。这种"摩擦"可以在许多情况下帮助提升工作质量和准确性。

我们的实验探究了这一假设。我们在大语言模型的输出内容中故意添加错误信息，然后衡量此举对于效率和准确性的影响。我们测试了对自动化AI应用程序有意识地嵌入结构性阻力，看看是否会减慢使用过程，并使用户更容易注意到潜在错误。我们认为，这将鼓励参与者使用逻辑思维，面对AI产出内容时更有意识、更为谨慎地评估内容准确性。

埃森哲和麻省理工学院合作探索，当大语言模型整合到商业研究专业人员熟悉的任务当中时，如果在大语言模型的输出内容中添加错误信息，是否会影响效率和准确性。具体研究方法是利用埃森哲开发的工具，模拟真实的工作条件，搜索和参考任何可用的信息来源，协助埃森哲研究人员在70小时内提交两份公司资料的内容概要（分别称为任务1和任务2）。最终，研究参与者得到了ChatGPT输出的文本，以及相应的提示词，他们可以根据自己的意愿决定使用其中多少内容。

研究中，我们增加了"有益摩擦"，即提供给参与者的ChatGPT输出内容和提示词以不同的颜色突出显示，各种颜色传达不同的含义——文本如果以紫色突出显示，则其与提示词中的表述，以及内部数据库和公开信息来源中的表述相匹配；以橙色突出显示的文字可能属于不真实的陈述，应考虑删除或替换；以蓝色突出显示的文字表示提示词中出现，但在输出时被省略的文本；那些经过甄别不属于上述类型的文本则不会突出显示。

参与者被告知埃森哲开发的这一工具带有这种突出显示功能，理想情况下，该工具将结合自然语言处理（NLP）技术和AI模型，根据预定义的事实来源核对所有输出内容，进而显示潜在的错误或遗漏。但出于本次实验的目标，我们特意加入了一些未突出显示的错误，以衡量在何种情况下增加摩擦会使参与者发现更多错误并提高准确性。

参与者被随机分配到以下三种情境：

- 在**无摩擦**的情境中（对照组），大语言模型生成的内容完全不含突出显示，与目前的生成式AI用户体验一致。

- 在**中等摩擦**情境中，大语言模型生成的内容包含两种基于提示词的突出显示，分别表示输出内容中可能存在错误和遗漏。

- 在**完全摩擦**情境中，大语言模型生成的内容包含三种基于提示词的突出显示，分别表明信息可能是正确、不正确，或输出内容有缺失。

我们的发现表明，引入摩擦可以促使用户更仔细地检查大语言模型生成的文本，帮助他们捕捉到不准确和遗漏之处。与任何一种带有摩擦的情境相比，无摩擦情境下（对照组）的参与者遗漏了更多的错误，任务1中高出31%，任务2中高出10%。此外，捕捉到遗漏的比例在无摩擦情境中为17%，而在完全摩擦情境中为48%，在中等摩擦情境中达到了54%。

正如预期的那样，引入摩擦确实付出了一定代价。与对照组相比，完全摩擦情境的参与者完成任务所需时间显著增加（任务1和任务2分别平均延长了43%和61%）。不过，在中等摩擦情境下，与对照组相比，平均所用时长并未出现具有统计意义的显著差异。考虑到在没有生成式AI协助的情况下，每项任务通常平均需要一至两个小时，我们认为这种时间付出是可接受的。因此，引入中等强度摩擦的第二种情境，得以在优化精度和保持效率之间取得平衡。

三项行动建议

实验结果表明企业可以采取如下行动，帮助员工更有效地将生成式AI工具融入他们的工作，并且更充分地识别潜在错误与偏见。

一、精心设计提示词

我们发现，参与者最终提交内容与大语言模型生成的内容非常相似，以自然语言处理相似度分析衡量，相同内容达60%~80%。这表明，即使被要求仅将AI输出内容作为写作素材之一，AI输出内容还是成为了参与者们的创作基础。这凸显了仔细考虑大语言模型提示词的重要性，因为其输出信息会为内容的最终版本设定基本框架，即使该信息可能与决策无关或不准确。最近的研究指出，这种锚定效应在某些情况下或许能够产生益处，但前提是生成式AI输出高质量的内容，并且可以对容易出错的部分起到补充作用。不过，考虑到大语言模型生成的文本和人类参与者的最终提交内容之间存在高度相似性，锚定效应也可能将用户引入歧途。

二、谨记：过度自信有害无益

突出显示错误的确能够引起参与者的注意，进而通过纠错提高准确性。然而，在面对后续调查题目"我比他人更清楚地知晓使用生成式AI时要寻找的错误类型"时，三种摩擦情境下参与者的回复几乎没有差异。由此可见，使用者很可能高估了自身识别AI错误的能力，我们有必要对此保持谨慎。利用使潜在错误更加明显的摩擦增强工具，可以减少用户的过度自信，帮助他们校准对于生成式AI内容的信任程度。此外，我们还发现，突出显示错误并未显著影响参与者心目中对大语言模型工具的信任度，以及他们的使用意愿。

三、实验，再实验，反复实验

企业在部署AI工具和模型之前，必须测试员工会如何与之互动，及其如何影响准确性、速度和信任。正如上文所述，我们观察到了参与者的自我认知和实际错误检测结果的显著落差。我们强烈呼吁企业通过实验，充分了解怎样最有效地提升员工在"人在回路"系统中的作用，并测量此举对员工理解力、行为模式及偏见的影响。

大语言模型的易用性和广泛可用性，使得其在许多企业中迅速普及，尽管其准确性问题尚未解决。我们必须想方设法来增强人工监督和介入，在处理AI生成的输出内容时提高准确性和效率。我们的研究证明，位于"人在回路"中的员工可以对AI系统发挥重要的干预作用，而有益的摩擦能够推动用户切实履行责任，确保内容质量。◼

杜保洛（Paul Daugherty）
时任埃森哲技术服务全球总裁兼首席技术官

阿纳·D.查克拉博蒂（Arnab D. Chakraborty）
埃森哲资深董事总经理、负责任AI业务全球总裁

菲利普·鲁西雷（Philippe Roussiere）
埃森哲商业研究院创新与人工智能业务全球主管

帕特里克·康诺利（Patrick Connolly）
埃森哲商业研究院经理

业务垂询：contactus@accenture.com

生成式AI如何赋能可持续发展

文 桑杰·波德尔、艾莉森·肯尼迪、沙拉布·库马尔·辛格、范晓鹏

提要

　　生成式AI发展如火如荼——ChatGPT自推出以来短短两个月内就达到了1亿月活跃用户，这使其成为历史上增长最快的消费级应用程序。[1] 然而，在与它谈笑风生之际，你是否意识到了它会带来多少环境成本？据估计，ChatGPT回复一句话，所需的电量就达到了谷歌搜索的约十倍。[2] 而且随着AI的广泛应用，生成式AI的能源消耗还将不断攀升。

　　商业领袖们已经意识到大语言模型（LLMs）和生成式AI的深远影响。埃森哲《技术展望2023》报告[3] 的受访者中98%的全球高管和91%的中国高管认为，在未来三至五年，人工智能基础模型会对企业组织战略产生重大影响。然而，高管们是否已经做好准备，一方面应对AI在可持续发展方面的挑战，另一方面又能充分利用这项技术激发创新潜力呢？

生成式AI的可持续风险

　　目前，人工智能的能源消耗仅占科技行业消耗的一小部分，然而随着越来越多的企业、政府和组织利用人工智能来提升效率和生产力，以及模型复杂度的增加，其能源需求也会呈指数增长，这无疑将加剧全球气候危机。以BLOOM为例，训练单一AI模型所产生的碳排放量就相当于2022年一名乘客从纽约飞往旧金山碳排放的25倍。[4]

生成式AI带来的可持续风险还不止于此：

- 资源不均衡：由于生成式AI技术对计算资源的高需求，只有少数具备大规模计算能力的公司或国家能够负担得起。这可能加剧全球技术鸿沟，进一步加剧国家、企业和社会之间的经济不平等。

- 电子废物和资源枯竭：用于AI的硬件（如GPU和TPU）的快速增长和淘汰可能导致电子废物的急剧增加，这也令人担忧，因为生产这些专用硬件需要使用稀土金属，这可能对环境造成严重影响。

- 模型偏见与歧视：生成式AI模型往往依赖于训练数据，如果训练数据存在偏见或不公正，模型生成的内容可能会沿袭并放大这些偏见，进而加剧社会歧视和不公正。当前我们对语言模型的评估严重缺乏统一标准，开发者可能选择性地报告对其模型有利的标准，或不使用统一标准，这些都将阻碍对AI系统稳健性和安全性的准确评估。[5]

1. 《史上增速最快消费级应用，ChatGPT月活用户突破1亿》，澎湃新闻，2023年2月3日，https://www.thepaper.cn/newsDetail_forward_21787375。
2. 《人工智能与能源：人工智能会减少排放还是增加需求？》，世界经济论坛，2024年8月3日，https://cn.weforum.org/agenda/2024/08/generative-ai-energy-emissions-cn/。
3. 《技术展望2023：当原子遇见比特 构建数实融合的新基础》，埃森哲，2023年，https://www.accenture.com/cn-zh/insights/technology/technology-trends-2023。
4. 《2023年人工智能指数报告》，斯坦福大学，2023年，https://aiindex.stanford.edu/report/。
5. 《2024年人工智能指数报告》，斯坦福大学，2024年，https://aiindex.stanford.edu/wp-content/uploads/2024/05/HAI_AI-Index-Report-2024.pdf。

- 经济与就业影响：随着生成式AI应用范围的扩大，某些领域的工作可能会被自动化所取代，进而可能引发失业问题和社会资源的重新分配。埃森哲研究表明，通过完全自动化或自动化赋能，大语言模型可能影响美国多个行业中超过40%的工作时间。[6]

考虑到上述种种风险，企业是否应该限制生成式AI的应用呢？恰恰相反，埃森哲认为，生成式AI本身同时可以成为推动可持续性目标实现的催化剂，企业的关注点不应在于限制使用，而应利用它来推动现有的可持续发展举措，并确保企业自身可持续和负责任地应用生成式AI。

加强生成式AI赋能可持续的潜力

各国政府和监管机构正在利用环境、社会和公司治理（ESG）披露推动业务实践向更可持续的方向转变。在中国，近一半（49%）的高管计划优先将更多投资投入到ESG相关倡议中，以推动更可持续的业务发展。越来越多的高管也将有意识地利用生成式AI来增强组织在ESG倡议中所需的能力。

众多实例展示了生成式AI的五大核心能力正帮助企业逐步实现可持续发展目标：

- **通过训练可持续行业数据集，提供可持续战略建议。** ESG即服务（ESG as a Service）提供商YvesBlue宣布整合生成式AI与ESG，帮助金融机构识别可持续风险和机遇。目标是基于数据做出有

关可持续性问题的决策，并将其融入所有投资工作流程中。[7]

- **创建可持续的产品和部件。** 通用汽车（GM）正在使用生成设计来探索替代的汽车设计解决方案，从而生产更轻、更高效和可定制的车辆。例如，使用生成设计软件，GM创建了一个座椅支架的单件设计，其重量比传统由多个组件焊接而成的模型轻40%，强度提升20%。这些优化不仅提高了产品性能，还简化了供应链，从而节省了成本。[8]

- **增强人类智能，以理解数据模式。** 通过分析海量数据集，生成式AI可以揭示生物多样性和环境问题中的隐藏模式和洞见。想象一下人工智能够解读动物复杂的语言，这并非来自于科幻小说的情节，而是地球物种项目（ESP）正在探索的现实。通过利用Google的LaMDA和GPT-3等大型语言模型，研究人员可以将语义关系转化为几何关系，通过借助人工智能来理解动物的交流模式，我们可以更好地保护我们的地球。[9]

- **自动化数据流，增强可持续性监测。** ABB和微软联合开发了一款新的生成式AI应用程序Genix Copilot，用于跨流程和操作自动化数据流。该应用旨在通过提供关于工业温室气体排放和能源使用的先进监测和优化见解，帮助客户实现可持续发展和能源转型目标。[10]

- **保护敏感信息以促进研究和创新。** 中国医科大学附属医院（CMUH）展示了其基于生成式AI的医疗记录管理系统"gHi"。该系统能够以94%的准确率处理多语言的高度敏感医疗记录。系统将数

6. 《生成式人工智能：人人可用的新时代》，埃森哲，2023年，https://www.accenture.cn/content/dam/accenture/final/accenture-com/document/Accenture-Generative-Artificial-Intelligence-New-Era-Available-Everyone-Chinese-Report-v1.pdf。

7. 《埃森哲研究发现，85%的公司预计未来三年内增加强制性ESG披露》，ESG News，2024年7月2日，https://esgnews.com/85-of-companies-anticipate-increased-mandatory-esg-disclosures-in-the-next-three-years-accenture-study-finds/。

8. 《推动汽车零部件设计的轻量化、高效未来》，Autodesk，https://www.autodesk.com/customer-stories/general-motors-generative-design。

9. 《生成式AI可以引领人类理解动物吗？》，Google Cloud，2023年4月22日，https://cloud.google.com/blog/transform/can-generative-ai-help-humans-understand-animals-earth-species-project-conservation。

10. 《ABB携手微软将生成式AI引入工业应用》，ABB，2023年7月5日，https://new.abb.com/news/zh-CHS/detail/104980/abb-and-microsoft-collaborate-to-bring-generative-ai-to-industrial-applications。

据录入时间缩短了75%，使烦琐的交接时间从一小时减少至仅15分钟。通过自动化和简化记录管理，"gHi"显著提升了行政效率，使医务工作者能够更加专注于患者护理。[11]

向可持续未来迈进

生成式AI在推动创新和可持续发展方面的潜力毋庸置疑，然而若想取得成效，企业需要采取积极措施，在创新与责任之间取得平衡。我们认为以下措施可以助力企业高管利用生成式AI推动可持续未来。

- **明确可持续的AI原则：** 治理框架包括关键能力，如项目设置和根据相关法规、政策及标准对碳风险等级进行分类。在项目设立阶段，必须明确界定角色和职责。AI项目清单的建立，涉及收集AI模型和数据以创建全面的清单，确保可追溯性和责任性。至关重要的是，大语言模型的模型卡应详细记录训练过程中的能源消耗和碳排放数据，以帮助开发者和用户在使用AI模型时做出明智且负责任的决策。

- **在设计阶段采用可持续的做法：** 其中一个重要方面是减少AI系统的碳足迹。[12] 这包括采用环保的数据实践、选择节能的模型、在模型卡中估算能源使用量、缩短训练时间以及优化硬件和云平台的使用。实施能源监控工具有助于识别AI系统中需要优化能源效率的领域，企业还可以对预训练的大模型进行微调，以执行新任务，从而减少从零开始训练新模型所需的成本、碳排放和计算资源。

- **以人为本的方法：** 以人为本对于生成式AI实践的成功同样至关重要。企业需要投资于开发生成式AI应用的技术能力，同时投资于AI素养和专业知识，确保组织拥有必要的技术人才，以负责任的方式充分利用生成式AI的力量。同时培训组织内的人员以适应AI驱动的流程，确保员工在掌握与AI合作的技能的同时，也能学会负责任地应用 AI。

- **与政府和监管机构合作：** 降低生成式AI的可持续风险需要政府、监管机构和企业之间通力合作，制定政策和指导方针，限制生成式AI的恶意使用，在这种情况下尤其重要的是，欧盟AI法案的第40条呼吁全球合作，共同制定标准，提高AI系统的资源性能和能源效率。企业需要及时分享生成式AI风险和治理方面的知识与研究成果，形成对相关问题的共同理解。

对于企业而言，可持续不再是无关紧要的问题，而是一个战略性问题，高层领导必须重视并进行全面规划。生成式AI有望成为竞争优势的源泉和可持续发展的基石，但前提是企业必须采取环保举措，并确保其应用符合道德标准。

桑杰·波德尔 (Sanjay Podder)
埃森哲董事总经理、全球技术可持续创新负责人

艾莉森·肯尼迪 (Alison Kennedy)
埃森哲资深董事总经理、亚太区可持续发展与企业重塑业务主管

沙拉布·库马尔·辛格 (Shalabh Kumar Singh)
埃森哲商业研究院研究高级总监

范晓鹏
埃森哲大中华区战略与咨询事业部可持续发展业务总监

塔尼娅·钱德拉 (Taniya Chandra)、玛莎·达什 (Manisha Dash)、于雅和拉玛妮·摩西斯 (Ramani Moses) 对本文亦有贡献。

业务垂询：contactus@accenture.com

11. 《中国医科大学附属医院的"异体mRNA CAR-T"突破性药物及其GenAI "gHi"亮相》，PR Newswire，2023年12月28日，https://www.prnewswire.com/news-releases/china-medical-university-hospitals-breakthrough-drug-of-allogenic-mrna-car-t--its-genai-ghi-standing-out-in-healthcare-expo-taiwan-2023-302022719.html。
12. 《开发者如何降低人工智能的气候影响》，MIT斯隆管理评论，2024年1月8日，https://sloanreview.mit.edu/article/how-developers-can-lower-ais-climate-impact/。

中国车企出海，
在挑战中前行

文 尤尔根·里尔斯、穆酷思、郁亚萍、斯蒂芬·哈图拉

提要

　　根据中国汽车工业协会的统计数据，2023年，中国汽车销量超过3009万辆，其中，中国汽车出口量达491万辆，同比增长57.9%，出口对汽车总销量增长的贡献率达到55.7%。中国汽车出口量从2021年突破200万辆、2022年突破300万辆，再到2023年突破400万辆——过去三年，中国先后超越韩国、德国、日本，跃升成为世界第一大汽车出口国（见图一），中国车企出海步伐加快已是不争的事实。

　　出口高歌猛进的背后也潜藏隐忧。事实上，中国汽车出口实力并不直接等同于出海实力，因为中国汽车出口数据不仅涵盖中国车企旗下品牌（包括收购品牌和自主品牌），还包含在中国建厂的独资和合资品牌。为了更客观地分析中国车企的出海现状，我们聚焦国内主流乘用车车企旗下自主品牌的海外战略和市场表现进行分析，希望提供深入洞察帮助车企更全面地审时度势，稳扎稳打推进出海战略。

图一　2020年至2023年中国汽车出口量（万辆）

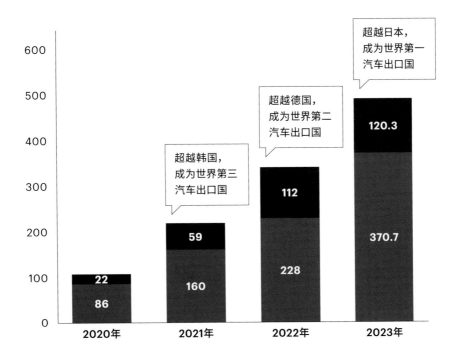

数据来源：中国汽车工业协会，埃森哲研究。

中国车企加速出海呈现新特点

多年来，中国乘用车车企在海外的销量一直徘徊在50万辆左右。进入2021年，随着一大批车企宣布进入欧洲等海外市场，中国车企出海迎来了质的飞跃。过去三年，主要乘用车海外销量实现了四倍的增长，达到了200万辆，2023年更是获得了59%的增长。值得注意的是，这些车企的整体海外销量已占总销量的13%，相比2020年的5%实现了大幅增长。这一数据趋势不禁让人联想到70年代日本车企初入全球市场的景象，这似乎预示着中国车企开始跻身全球汽车市场。

我们认为，三股造车势力将推动中国车企海外销量增长，这三类企业所处的国际化阶段虽然不同，但都有独特的竞争优势（见图二）。

图二 三股造车势力将推动中国车企海外销量增长

三股造车势力	优势	进展/目标
传统车企	· 成熟的汽车制造和体系能力。 · 销售规模及供应链优势。 · 合资品牌带来的收益。 · 丰富的动力系统产品组合（燃油、纯电、插电式和混动）。	· 传统车企主导着国内和海外市场燃油车和电动汽车销售。 · 奇瑞、吉利、上汽、长城等主要车企均在积极推进国际化。目前大多数海外销售依赖燃油车，但电动汽车出海仍是战略重点。 · 比亚迪在电动汽车领域领先，2024年前四个月出口了14万辆电动汽车，占中国电动汽车出口的1/3。[1]
造车新势力	· 先进的电动汽车技术。 · 创新的客户运营模式。 · 敏捷的组织架构。	· 初步开展海外业务。 · 虽然困难重重，国际化脚步并未停下。市场重心正从欧洲转向东盟，最近开始探索中东市场。 · 继哪吒、蔚来和小鹏等出海之后，零跑和理想等正在加入。
高科技企业	· 技术及生态系统优势。 · 国内外知名度。 · 成熟的全球销售网络。 · 强大的财务基础。	· 尚未进入海外市场，但潜力巨大。 · 小米汽车计划在15~20年内成为全球前五大OEM。

---

1. 《前四个月新能源汽车出口：比亚迪超了特斯拉》，新浪财经，2024年5月23日，https://finance.sina.com.cn/jjxw/2024-05-23/doc-inawemwu4796549.shtml?prefer_reader_view=1&prefer_safari=1。

中国汽车出海进程加快，呈现三大特点。

- **出海市场：从发展中国家集中的市场走向主流市场。** 中国汽车品牌已从传统的中东、非洲、南美等发展中国家集中的市场走向欧美等成熟市场（见图三）。在东欧，中国车企在俄罗斯迎来了爆发式增长，拿下近一半的市场份额；中国车企在西欧虽进展不及预期，但上汽、吉利、长城、比亚迪、蔚来、小鹏等品牌已在多个国家开展业务，除沃尔沃和极星外，中国品牌2023年在西欧的总销量约为30万辆，年增长率接近79%。此外，中国车企在美洲（主要是墨西哥）、澳新、东南亚市场也经历了显著增长。根据中国汽车工业协会数据，汽车出口量前十的国家中，俄罗斯、墨西哥和比利时出口量位居前三，市场表现较强；电动汽车出口的前三国家为比利时、泰国和英国。

- **出口策略：从产品出海到品牌出海。** 中国车企正在扭转过去"中国制造"的负面印象，从依赖低价策略的产品出海走向依托技术实力的品牌出海。虽然中国品牌在欧洲、北美认知度还较低，但在东南亚已经赢得较好口碑。例如，比亚迪、哪吒、长城欧拉和上汽名爵荣登泰国市场五大最受欢迎电动汽车品牌。[2] 除了在海外市场获得越来越多消费者的认可，中国电动汽车新势力和跨国车企合作进行技术输出也成为行业看点，如小鹏汽车将与大众汽车共同开发两款大众汽车品牌的电动车型；[3] 由Stellantis集团主导的合资企业零跑国际，致力于将零跑汽车的价格合理且搭载高科技的汽车推向全球市场。[4] 从过去的合资换技术，到现在的反向技术输出，中国企业正在引领全球汽车行业向电动汽车时代的转变，这也为中国车企出海提供了底气。

- **生产策略：从走出去到走进去。** 中国车企正在加速海外建厂和全产业链布局，头部企业已初步完成海外市场的区域部署。长城、上汽、江淮、奇瑞、吉利等车企在海外多个市场已有设计中心、组装厂或制造基地，而更多的投资和建厂也正在规划或筹备中。在东南亚，长安汽车在泰国启动了首个海外生产基地；[5] 哪吒已开始在泰国生产电动汽车，并会在印尼和马来西亚建设另外两家工厂；[6] 比亚迪宣布其泰国新工厂于2024年第三季度开始生产电动汽车。[7] 在欧洲，上汽正在规划工厂，[8] 比亚迪也有计划在匈牙利建设其欧洲首个电动汽车生产基地。[9]

2. 《比亚迪是2023年泰国最畅销电动汽车品牌，哪吒位居第二》，CarNewsChina.com，2024年1月9日，https://carnewschina.com/2024/01/09/byd-is-bestselling-ev-brand-in-thailand-in-2023-neta-is-runner-up/。

3. 《大众汽车与小鹏汽车签署技术合作协议 共同快速开发两款智能电动车型》，大众汽车，2024年2月29日，https://volkswagengroupchina.com.cn/news/Detail?ArticleID=7814321E4040419780E1BE6B91636E61。

4. 《借助众多时尚、高科技电动汽车的首次展出，Stellantis集团携其全球成功产品组合亮相2024巴黎国际车展》，Stellantis集团，2024年10月15日，https://www.stellantis.com/en/news/press-releases/2024/may/leapmotor-international-begins-operations-to-expand-global-electric-vehicle-sales-starting-september-2024-in-nine-european-countries-followed-by-other-key-growth-regions?adobe_mc_ref=。

5. 《长安汽车首个海外生产基地——泰国制造基地动工》，澎湃新闻，2023年11月11日，https://www.thepaper.cn/newsDetail_forward_25264079。

6. 《哪吒在马来西亚建造电动汽车工厂》，Electrive，2024年1月23日，https://www.electrive.com/2024/01/23/neta-increases-production-capacity-by-building-factory-in-malaysia/。

7. 《比亚迪将于2024年第三季度在其新的泰国工厂启动电动汽车生产》，Automacha，2024年4月1日，https://automacha.com/byd-thailand-plant-to-open-in-q3-2024/。

8. 《上汽：今年海外销量目标135万辆，海外建厂需要有销量基础》，澎湃新闻，2024年1月18日，https://www.thepaper.cn/newsDetail_forward_26056813。

9. 《中国汽车出海又现历史性一步，比亚迪将在欧洲建设首座工厂》，澎湃新闻，2023年12月30日，https://www.thepaper.cn/newsDetail_forward_25849243。

图三 2023年中国主要乘用车企业广义乘用车全球销量（千辆）及2023年同比增长

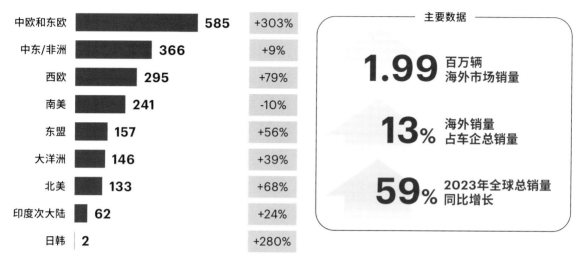

2023年同比增长

地区	销量	同比增长
中欧和东欧	585	+303%
中东/非洲	366	+9%
西欧	295	+79%
南美	241	-10%
东盟	157	+56%
大洋洲	146	+39%
北美	133	+68%
印度次大陆	62	+24%
日韩	2	+280%

主要数据

1.99 百万辆
海外市场销量

13% 海外销量
占车企总销量

59% 2023年全球总销量
同比增长

数据来源：IHS Auto，埃森哲研究。

主要车企包括北汽、比亚迪、长安、奇瑞、东风、一汽、吉利、长城、广汽、海南汽车（海马）、合众（哪吒）、华人运通（高合）、江淮、江铃、零跑、理想汽车、蔚来、上汽、上汽通用五菱、小鹏电动汽车。

销量包含中国车企旗下的自主品牌以及收购并负责运营的海外品牌。不包括合资品牌以及如沃尔沃等被中国公司控股但不直接运营的海外品牌。

中国车企出海处于全球化进程早期

企业国际化并不是一个一帆风顺的过程。为了深入了解中国企业在国际化进程中所展现的特点，埃森哲在2022年对中国112家出海企业进行了调研，[10] 调研显示，海外营收占比程度不同的企业表现出了明显的差异性，我们按照企业海外营收占比的不同将中国企业国际化分为四个成长阶段：起步期、开拓期、腾飞期、全球化（见图四）。

目前，大部分中国车企尚处于起步期和开拓期，与国际车企相比，海外销售收入规模和占比仍存在巨大的差距（见图五）。要突破这些差距并不容易，埃森哲研究显示，起步期和开拓期是全球化四个阶段中最具挑战的两个阶段。从市场定位、出海车型选择，到海外团队、服务能力和生态体系的建设，起步期企业在海外策略制定和落地过程会遇到各种挑战。但是，出海中最艰难的阶段是开拓期，当企业海外业务发展到一定规模，企业将面临风控合规、文化差异、组织运营等全方位的挑战，需要满足市场扩张和能力建设的双重要求。

---

10. 《走向全球，行稳致远——埃森哲2022中国企业国际化调研》，埃森哲，2022年，https://www.accenture.cn/cn-zh/insights/operations/china-inc-go-global。

图四 中国企业国际化四阶段：从"起步期"到真正"全球化"

出海四阶段	起步期	开拓期	腾飞期	全球化
海外业务营收占比	0（不含）~10%（含）	10%~20%（含）	20%~50%（含）	>50%

数据来源：埃森哲2022中国企业国际化调研。

图五 中国车企与国际车企海外销售收入对比

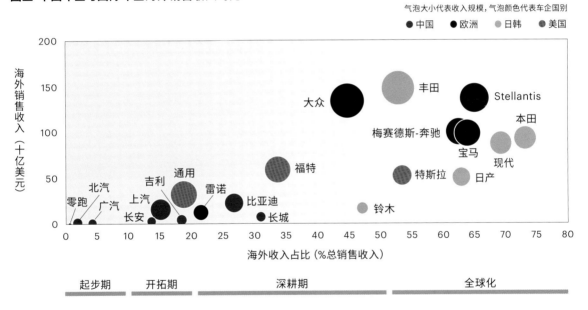

数据来源：Capital IQ，公司年报，埃森哲研究。

注：1. 中国、美国、欧洲、韩国车企销售收入基于2023年，日本车企基于截至2023年3月底12个月数据。

2. 对于欧洲车企（大众、宝马、奔驰），海外市场指欧洲以外的市场。

另外，一个企业的全球化不仅需要看海外销售占比，更重要的是，车企是否能够进入主流市场。受到中美贸易争端等不稳定政治因素影响，大部分中国车企对进入美国市场持谨慎态度。欧洲被认为是中国车企最有希望进入的市场，但进展尚不顺利。

中国车企在西欧

西欧作为汽车工业发源地,是中国车企出海的梦想舞台。在燃油车时代,西欧市场给中国品牌提供的机会有限。近年来,随着欧洲政府大力支持电动汽车发展,但当地电动汽车供给不足,这给中国车企提供了难得的机会窗口。2020—2021年,超过十家中国车企宣布进入欧洲市场。

然而,在竞争激烈的西欧市场,除了像上汽等车企凭借旗下有欧洲血统的品牌取得不错的销量外,多数中国品牌尚未能建立市场影响(见图六)。

蔚来、小鹏虽然在欧洲5个国家开展了业务,但销量不足3000辆,进展远远低于预期。即使是全球电动汽车销量冠军的比亚迪,虽然进入欧洲后增长强劲,但销量不到2万,市场份额仅占0.1%。

中国汽车品牌在西欧市场遭遇挫折,其原因是多方面的。一方面,品牌建设是一个长期过程;另一方面,中国车企在市场定位、治理、文化和流程等方面还有改进空间。

图六 2023年中国车企集团在西欧的汽车销售量(辆)

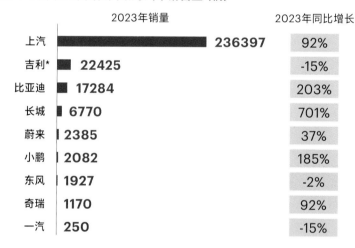

	2023年销量	2023年同比增长
上汽	236397	92%
吉利*	22425	-15%
比亚迪	17284	203%
长城	6770	701%
蔚来	2385	37%
小鹏	2082	185%
东风	1927	-2%
奇瑞	1170	92%
一汽	250	-15%

数据来源:S&P Global Mobility,埃森哲研究。

*吉利汽车管理的品牌,包括吉利、极氪和领克。吉利汽车母公司吉利控股旗下品牌,如沃尔沃、极星、路特斯、LEVC、Smart等不包括在内。

成功主要依靠旗下收购的有欧洲血统的品牌

上汽集团是目前在西欧销量最高的中国车企,其在西欧广义乘用车市场约占2%市场份额,但上汽集团大部分销量来自旗下收购的品牌名爵和大通。

2023年,上汽名爵和上汽大通在西欧销量达到23万辆,接近翻番,其中上汽名爵占总销量的94%,成功展示了中国OEM重塑收购品牌的能力,然而

"物有所值"的定位和欧洲品牌的原有品牌力对成功也至关重要。值得一提的是,他们近一半的销量来自燃油车,而非电动汽车。

上汽的下一步是将其智己汽车引入海外市场,这意味着真正挑战的开始。

电动汽车出海机会窗口正在缩窄

展望2025年，中国车企出海将面临国内外双重压力。一方面，国内市场严重内卷，激烈的价格战使很多车企面临经营和财务压力，一些新势力造车企业面临现金流紧张的困境，这将影响企业对海外市场持续投入；另一方面，全球电动汽车增长低于预期，补贴退坡、市场保护以及传统车企电动化战略的变化，使得海外市场环境从需求端到政策端、供给端都充满变数。我们认为电动汽车出海将面临以下几大挑战。

全球电动汽车增长低于预期。全球电动汽车增长速度正在减缓，渗透率趋于平缓。2023年，以中国、欧洲、美国为代表的主要电动汽车市场纯电动增长速度相比前几年显著下降（见图七）。在欧洲，

低收入预期、高定价、补贴退坡、基础设施限制和电动汽车低残值正在使消费者选择推迟购买纯电动汽车而转向燃油车或混合动力车。虽然电动汽车在中国的受欢迎程度持续上升，但市场增长动力已从纯电动汽车转向插电式混合动力汽车（PHEV）。在监管层面，英国把汽油、柴油新车禁令时间从2030年推迟到2035年，欧盟修正2035年"禁燃"协议，允许在2035年后销售带内燃机的汽车，条件是这些汽车需要使用碳中和合成燃料。[11]

全球电动汽车增长放缓、市场对燃油车的偏好以及政策支持等因素，促使一些汽车制造商重新评估其电动汽车战略。梅赛德斯-奔驰、Stellantis和丰田等传统车企加大对混合动力、插电式混合动力和燃油车车型的投资，短期内会进一步稀释市场对纯电动汽车的需求。

图七 乘用车新车销售增长（按动力分类）

	美国		中国		欧盟	
	年均复合增长率（2020—2022年）	2023年同比增长率	年均复合增长率（2020—2022年）	2023年同比增长率	年均复合增长率（2020—2022年）	2023年同比增长率
燃油车	-8%	6%	-13%	-10%	-17%	8%
纯电动汽车	72%	54%	111%	17%	45%	27%
插电油电混合动力汽车	69%	44%	140%	66%	31%	-4%
油电混合动力汽车+轻度混合动力汽车	30%	57%	28%	14%	26%	27%

数据来源：S&P Mobility，埃森哲研究。

市场定义：

美国：轻型车重量不超过6吨，不包括货车和底盘驾驶室车。

欧盟和中国大陆：乘用车重量小于3.5吨，不包括货车和底盘驾驶室车。

---

11. 《欧洲推迟2035年燃油车禁令》，SA，2023年3月28日，https://www.sae.org/news/2023/03/european-ice-ban。

电动汽车国际赛道竞争激烈。虽然低于预期的全球电动汽车增长使一些车企选择放缓全面电动化步伐，但大部分车企仍然长期看好纯电汽车，在兼顾市场需求和投资回报的同时，选择更务实地推进电动化转型。未来2~3年，宝马、梅赛德斯-奔驰、大众等多家车企将基于新的纯电动汽车平台推出更有竞争力的车型，而一些车企也将与友商、中国车企合作开发车型。老牌车企在混合动力市场也在推出更多有吸引力的车型。在不同的动力系统之间，全球消费者将有更多选择，中国车企将面临更大的产品竞争压力。

图八 国际主要车企电动化计划

车企	电动化进程和计划
宝马	· 纯电车型销量目前已占整体销量约15%，2030年目标50%。 · 计划扩大电动化战略以涵盖所有细分市场。2025年将推出Neue Klasse平台。 · 宝马认为插电式混合动力车辆作为过渡性技术在其产品组合中扮演关键角色。[12]
奔驰	· 2022年，电动汽车销量占该公司总销量的13%。 · 奔驰将其电动化目标推迟了五年，预计到2030年，纯电动汽车和混合动力车将占其车队的50%。但公司对电动汽车的前景持乐观态度，并将持续投资于电动汽车技术和平台。 · 2024年底将推出紧凑型和中型电动汽车平台MMA，2025和2026年将推出AMG.EA和VAN.EA平台。
大众	· 大众坚持认为未来将全面电动化。2023年最后一个季度，其纯电动汽车销售占比达到了10%。管理层预计2024年电动汽车占比将增加，并且随着新车型的推出，到2025年将会有更强劲的增长。 · 大众汽车将在2024年推出30款新车型，涵盖所有品牌，其中约一半是混合动力，另一半是纯电车型。[13] · 奥迪Q6 e-tron和全新保时捷Macan Electric是大众在新的PPE高级纯电平台上的首款车型，已准备好上市。
Stellantis	· 公司将在2024年推出另外18款纯电动汽车，使总数达到48款。 · Stellantis的新纯电动汽车平台具有极高的灵活性，能够容纳多种动力总成配置，包括混合动力和燃油发动机。
福特	· 福特未能在2023年达到每年生产60万辆电动汽车的目标，现在计划在2024年实现这一目标。 · 公司计划到2030年为其整个福特Blue系列提供混合动力系统。[14] · 福特还在开发一种低成本的电动汽车平台，以与特斯拉和中国车企竞争。[15]
丰田	· 电动汽车（主要是油电混合动力汽车）2024财年第二季度销量占比为35%，高于2023财年的30%。公司计划该比例在2025年和2030年分别达到40%和70%。[16] · 丰田在推进电动化，但纯电不是唯一选项。基于2023年4月的披露，公司计划到2026年推出10款纯电动汽车。[17]

12.《宝马Neue Klasse——宝马能在2024年重新定义豪华吗?》，Equisights，2024年4月2日。

13. 2023年业绩电话会议，大众汽车集团，2024年3月13日。

14.《福特更新电动汽车和混合动力计划，准备制造工厂》，福特，2024年4月4日，https://media.ford.com/content/fordmedia/fna/us/en/news/2024/04/04/ford-updates-timing-for-next-gen-evs--readies-manufacturing-plan.html。

15.《福特正在与"最优秀的电动汽车工程师"合作建造低成本电动汽车平台以对抗特斯拉》，Electrek，2024年2月7日，https://electrek.co/2024/02/07/ford-buildin-low-cost-ev-platform-tesla/。

16. 丰田汽车公司（TM）Zacks公司报告，2024年4月4日。

17.《丰田新社长发布电动化目标，2026年前推出10款纯电汽车销量达150万辆》，界面新闻，2023年04月10日，https://www.jiemian.com/article/9212727.html。

贸易壁垒和行业保护加剧。随着中国车企出海加快，出于对其抢占市场份额的担忧，各国贸易保护和技术性壁垒可能会愈演愈烈。如欧盟在2023年10月初宣布对产自中国的纯电动汽车正式启动反补贴调查；2024年6月，欧盟委员会宣布将对从中国进口的电动汽车最高加征38.1%的额外关税，对比亚迪、吉利和上汽分别加征17.4%、20%和38.1%的关税。[18] 2024年2月份，美国总统拜登发表声明称中国网联汽车给美国国家安全带来风险，宣布将采取措施，阻止包括电动汽车在内的中国网联汽车和卡车进入美国市场；5月，拜登宣布对中国制造的电动汽车征收100%的关税。[19]

全球不断趋严的环境、社会和公司治理（ESG）监管合规要求是中国汽车出海路上的另一道障碍。2023年1月生效的欧盟《企业可持续发展报告指令》（CSRD）要求上市公司和符合条件的大型企业对可持续发展相关议题进行全面和详细的披露。与

CSRD呼应，美国证券交易委员会（SEC）也刚出台了气候披露法规，澳大利亚、巴西、新加坡和英国等也有类似举措。[20] 欧盟还出台了《欧盟电池和废电池法规》，要求从2027年起，动力电池出口到欧洲必须持有符合要求的"电池护照"，记录电池的制造商、材料成分、碳足迹、供应链等信息。[21]

值得一提的还有2023年5月生效的欧盟碳边境调节机制（CBAM），该机制将对从非欧盟进口、在国内生产过程中没有征收碳税或能源税且存在实质性能源补贴的排放密集型商品征收二氧化碳排放关税。CBAM目前在试运行阶段，首批被纳入高碳排放的行业被要求履行报告义务。2026年起，CBAM将开始正式实施，届时欧盟的进口商不但需要继续按时提交报告，还需要支付相应的碳边境关税。该机制将从根本上改变进入欧盟的许多产品的成本竞争力，目前汽车还不在CBAM范围，一旦被纳入，中国车企出口欧盟将面临大额的"绿色"账单。[22]

18. 《欧盟对中国电动汽车征收关税》，路透社，2024年6月13日，https://www.reuters.com/business/autos-transportation/eu-impose-multi-billion-euro-tariffs-chinese-evs-ft-reports-2024-06-12/。

19. 《拜登宣布对中国制造的电动汽车征收100%的关税》，卫报，2024年5月14日，https://www.theguardian.com/business/article/2024/may/14/joe-biden-tariff-chinese-made-electric-vehicles。

20. 《中国主要股票交易所公布新强制性企业可持续性报告要求》，Fintech global，2024年2月12日，https://fintech.global/2024/02/12/major-chinese-stock-exchanges-reveal-new-mandatory-sustainability-reporting-requirements-for-firms/。

21. 《理事会通过了关于电池及废电池的新规定》，欧盟理事会，2023年7月10日，https://www.consilium.europa.eu/en/press/press-releases/2023/07/10/council-adopts-new-regulation-on-batteries-and-waste-batteries/。

22. 《"碳关税"，新能源汽车入欧的又一拦路虎》。财经网，2023年11月6日，http://m.caijing.com.cn/article/315285?target=blank。

翻越山海，抵达繁星

复杂的海内外环境考验着中国车企能否完成出海的阶段性跨越。我们建议企业审时度势，内外兼修，从七大方面确保其出海战略的可持续性。

降本增效，释放生产力

全球电动汽车的渗透率预计将在2025年达到重要的20%门槛，标志着其进入大众市场，[23] 而大众市场的消费者对价格更为敏感。低迷的市场需求和价格敏感的消费群体，使车企不得不考虑降低价格以提高竞争力。例如，特斯拉在全球已多轮降价以巩固市场份额，比亚迪在德国将主打车型Atto 3售价下调了15%，[24] 大众在英国、法国等市场也大幅下调了ID系列的售价。[25]

比亚迪和特斯拉凭借垂直供应链和规模效应有更多的降价空间，传统车企也正通过其他方式紧随其后。例如，福特和通用汽车称两家公司正探讨通过深化合作来降低电动汽车技术成本。[26] 日产在计划生产磷酸铁锂电池，这种电池的制造成本比锂离子电池低20%到30%，这些电动汽车最早将于2026年在新兴市场销售。[27] 雷诺计划到2027年将内燃机和电动汽车的单车生产成本分别降低30%和50%。[28]

为了在海外市场保持价格优势，中国车企需要加强前瞻性思考。除了依赖传统供应链、电池和电动汽车技术优势，企业还可利用生成式AI、数字孪生等新兴数字技术降低研发、生产、销售和运营成本，重塑组织，提高效率，并将这些能力复制到海外市场。例如，理想汽车正在通过组织重塑和数字化转型建立更高效的组织。该公司还成立了AI技术委员会，以统筹整个公司的AI资源，推进技术研发和产品落地。[29]

应对从犹豫到拥抱电动汽车的过渡期

随着成本、安全、续航和充电速度等关键指标与燃油车持平，电动汽车在需求端所面临的挑战将会消失。电车与油车"势均力敌"已在中国发生，在全球市场，从主要车企的电动化计划来看，预计最快也要到2027年才会发生。在此期间，中国车企可通过与消费者沟通和营销展示其在成本、续航和充电技术方面的显著优势，以增加海外消费者对电动汽车的接受度。销售激励措施也是一种策略，但它们可能对盈利能力产生负面影响，企业需考虑财务健康，确保有足够的资金来支持。

残值问题也是在过渡期需要解决的重要问题，绝大部分消费者不购买电动汽车是因为电动汽车的低保值率。欧洲的一些汽车租赁公司已经因为电动汽车极低的残值而将中国品牌从其采购清单中移出。中国车企可以考虑建立自己的二手车业务或汽车租赁公司，以维持二手车的价格。此外，他们可以提供二手车回购保证或认证的二手车计划，以向客户保证其车辆的长期价值。

电动化是未来，但全面电动化还需很长一段时间，电动汽车、混动车和燃油车在某些市场可能会长期共存。中国车企需要更谨慎地选择目标市场，深入了解海外市场需求和竞争格局，寻找细分市场机会，同时积极规划和调整产品结构以满足当地市场需求。

23. 《ESSENTIALS：五个问题，五个想法》，汇丰研究，2024年1月2日。
24. 《比亚迪在德国降价15%，加强海外市场电动汽车攻势》，界面新闻，2024年1月15日，https://www.jiemian.com/article/10654730.html。
25. 《比亚迪在德国大幅降低电动汽车价格，力图超越特斯拉和欧盟汽车制造商》，Electrek，2024年1月12日，https://electrek.co/2024/01/12/byd-slashes-ev-prices-germany-tesla/。
26. 《围堵中国电动汽车，欧美政府和车企双管齐下》，腾讯网，2024年3月4日，https://new.qq.com/rain/a/20240304A04NDK00。
27. 《日产希望通过使用更便宜的LFP电池降低电动汽车价格》，Electrek，2024年1月30日，https://electrek.co/2024/01/30/nissanlower-ev-prices-cheaper-lfp-batteries-byd/。
28. 《雷诺目标到2027年将电动汽车生产成本降低50%》，界面新闻，2023年12月7日，https://www.jiemian.com/article/10505834.html。
29. 《消息称理想汽车成立AI技术委员会：统筹全公司AI资源、推进产品落地》，IT之家，2024年1月12日，https://www.ithome.com/0/744/980.htm。

提升品牌知名度，建立消费者信心

近年来中国品牌的海外营销以及强大的制造能力已逐渐改变消费者对中国制造的印象。在专家和消费者调研中，能听到越来越多诸如"比亚迪品牌在欧洲的发展势头非常强劲。这些汽车的质量令人惊叹"[30] 的积极评价，但主流的海外消费群体对中国品牌的认知仍然非常有限。为了增强品牌在欧洲的知名度，比亚迪作为官方出行合作伙伴亮相欧洲杯，这是欧洲杯首次携手电动汽车品牌，同时也是首次"联姻"中国汽车品牌。[31]

另外，对质量持久性和对售后服务的担忧也是阻碍海外消费者选择中国汽车品牌的主要原因。一些品牌进入市场准备不足，导致备件不足、维护服务怠慢等问题。因此，进入新的市场，中国车企不仅需要有清晰的品牌和价格定位、质量持久的产品，还需要有完备的体系以确保在汽车整个生命周期都能提供长期稳定的服务。

采用灵活的销售和运营模式

特斯拉和很多新势力车企通过直营模式在中国获得了成功，但这一策略在海外市场并不一定行得通。比如，经销商在欧洲市场的销售和服务中扮演着重要的角色，要快速打开市场，很多新进入的车企会选择与成熟的经销商进行合作。

在国内和欧洲一直坚持采取直营模式的蔚来，也在调整其海外运营战略，CEO李斌在2023年第四季度的财报电话会上答记者提问时表示，蔚来在海外市场会采取更灵活和开放的策略，不排除与当地合作伙伴合作的可能性。[32] 和消费品行业一样，汽车正在从经销商模式转向直营模式，但这并不意味着车企可以用一套模式打天下，企业应根据区域市场的特点，灵活选择合适的销售和运营模式。

中国车企在客户运营方面处于领先地位，这可能成为与西方车企竞争的差异化优势。比如，中国车企可以借鉴国内超级App、客户数据平台等经验，更好地收集和整合客户数据。无缝、互联、高效的客户运营模型不仅能产生有价值的消费者洞察，增强用户体验，还能推动基于用户需求的有效销售和营销活动。

30. 《南欧对电动汽车的热情减退》专家访谈，alpha-sense.com，2024年2月23日。

31. 《比亚迪作为UEFA EURO 2024™的官方合作伙伴及官方电动出行合作伙伴，展示了其在欧洲发展雄心》，比亚迪，2024年1月12日，https://www.byd.com/eu/blog/byd-demonstrates-its-european-ambitions-as-official-partner-and-official-e-mobility-partner-of-uefa-euro-2024.html#:~:text=BYD%20has%20announced%20its%20significant,the%20brand%27s%20visibility%20in%20Europe。

32. 蔚来汽车2023年第四季度财报电话会议，2024年3月5日。

加快本地化生产，提高海外经营韧性

中国车企已在海外加快建设研发中心和整车制造基地以实现本土化生产。企业还应该协同供应链企业，建立类似于西方车企与博世、采埃孚等供应商的战略合作关系，加快整个产业链的本地化和区域化进程。

截至2023年上半年，在海外设立工厂或者研发中心的中国汽车供应链百强企业，在欧洲、东南亚和北美已分别高达89家、69家和62家，[33] 这为中国车企的海外生产提供了良好的供应链基础。只有将中国的供应链优势延伸到海外，中国车企才能从根本上应对潜在的地缘政治、贸易保护壁垒等风险，更快响应当地市场需求。同时，车企也应仔细评估本地化生产的利益和风险，全面审慎地布局全球生产和供应链。

建立全球企业文化和组织

随着出海步伐的加快，尤其在多个市场开展海外业务时，企业会发现组织层面的问题越来越多。比如，国内的管理模式在各个国家水土不服、各市场业务运作方式差异大且复杂、缺乏统一的管理模式，与生态伙伴的合作模式和信息集成充满挑战等。长城汽车与销售合作伙伴Emil Frey的数月来回交涉曾令其销售陷入停滞。[34]

中国车企需要摆脱本土经营的思维惯性，建立适应当地市场的企业文化和生态合作体系。企业还应充分考虑各市场的投资、经营主体以及海外治理模式的灵活性。企业在出海之际就预先设计好灵活、敏捷、可拆分的人力资源管理体系，可以应对业务差异化和各地区政策法规不同等情况。随着销售规模扩大，企业要规划并逐步建立更加独立的海外业务，包括数据中心、技术中心甚至海外投资人。

---

33. 《汽车商业评论》，2024年2月。

34. 《中国汽车制造商如何在欧洲起步失败》，《德国经理杂志》，2024年2月16日。

企业应将可持续发展视为企业发展的基石。通过减少整个价值链碳排放、发展循环经济、构建可持续的供应链、完善ESG治理和管理体系等努力，中国车企可以更好地应对海外监管的复杂性，并在全球舞台上实现增长、创新和持久成功。

与欧美步伐一致，中国主要证券交易所最近也公布了新的企业强制性可持续发展报告要求，塑造全球化的可持续战略也有益于企业在中国的合规和本地运营。

中国汽车出海是国内市场竞争激烈背景下企业寻找新增长的必然选择，也是全球汽车行业电动化转型给中国车企带来的历史性机遇。但罗马非一日建成，进军国际市场需要长期的投入和战略定力。现代汽车用了20多年才立足欧洲市场，特斯拉在中国，从交付首批进口车到在上海工厂下线国产车辆，也花了5年多时间。以长期主义为导向，相信中国车企必能走出自己的全球化节奏，推动全球电动化浪潮。

构建全球化的ESG战略

全球范围内ESG问题日益受到关注。中国车企应该在全球范围内考虑其可持续发展工作，并根据目标市场的法规要求调整其ESG战略。这种战略必须具有前瞻性和可操作性，并与企业整体业务和海外业务战略规划相一致。

ESG战略不仅意味着合规和社会责任，更是品牌塑造、产品差异化和企业价值创造的利器。尤其在欧洲等成熟市场，消费者高度关注企业的可持续发展。对于电动汽车，消费者不仅关心车辆使用是否环保，还关注电池回收、车辆制造过程和报废处理是否可持续。极星计划2030年，通过全面消除供应链、制造和报废环节的排放，打造一款真正的气候中性量产车。为此，极星会详细披露旗下车型的碳足迹与所造成的气候影响。[35]

尤尔根·里尔斯（Juergen Reers）
埃森哲资深董事总经理，全球汽车行业主管

穆酷思（Markus Muessig）
埃森哲大中华区产品制造事业部董事总经理，
亚太区汽车行业主管

郁亚萍
埃森哲商业研究院汽车行业研究经理

斯蒂芬·哈图拉（Stefan Hattula）
埃森哲商业研究院汽车行业研究总监

业务垂询：contactus@accenture.com

---

35. 极星，https://www.polestar.cn/zh-cn/sustainability/。

发力自有品牌，
释放电商增长潜能

文 陈珊、吴欣迦、张月

提要

经过多年持续增长之后，中国经济的转型发展很大程度上需要通过提升国内需求，以消费拉动增长。中国消费者的消费预期变得更加谨慎，心智趋于理性，并呈现出追求体验、悦己等个性化特征。零售企业需要更加深刻的消费市场洞察，找到新的增长曲线。

这使得消费平台对用户的争夺不断加剧，以2024年618大促为例，这是几大头部电商平台简化优惠机制的第一次大促。去繁为简的转变意味着，随着粗放的高增长红利远去，电商平台势必要通过各种手段将消费者注意力长久地留在自己的平台，从而创造新的增长。除了成本领先和用户服务的角力，埃森哲的研究发现，打造自有品牌正成为零售电商构建差异化竞争优势的新策略。

自有品牌解锁新增长

自有品牌一般是指零售商通过收集、整理、分析消费者的需求后所开发的新品牌，或通过自设生产基地、借助企业委托生产等方式，将产品投放至销售渠道。

纵观全球零售行业，许多企业凭借发展自有品牌奠定了独特的竞争优势，并开拓了新的发展机遇。例如，德国连锁折扣超市奥乐齐（ALDI）的自有品牌销售额占比超过90%；[1] 山姆的自有品牌Member's Mark占销售额三分之一以上，沃尔玛财务总监称赞Member's Mark "逐渐成为会员注册和续约的重要原因之一"。[2]

而在中国，越来越多的零售企业开始重视自有品牌的发展。从消费者侧看，随着疫情后"新消费"的复苏，消费市场呈现积极的发展态势，消费者一方面回归理性，另一方面又追求新奇体验，这让自有品牌拥有了良好的发展土壤；从企业侧看，随着经济增长压力的增大，行业竞争的加剧，消费者对价格日益敏感，零售商在市场中取胜的关键回到了根本，即持续提供差异化、高性价比的产品组合，迅速满足消费者诉求，例如，以阿里巴巴为代表的大型电商如今纷纷进行战略调整，强调"回归用户"。

发展自有品牌有利于零售企业与供应商直接合作，减少中间商环节与品牌溢价，实现降本增效，为消费者带来更多物美价廉的商品。此外，凭借对供应链生产各个环节的把控，零售企业发展自有品牌更有利于企业顺应消费者需求，进行反向定制和开发产品。

埃森哲预测，随着国内整体零售行业集中度的上升，自有品牌将迎来跨越式发展。据中国连锁经营协会发布的2019—2022年的数据显示，TOP100企

1. 《跑快点！折扣超市奥乐齐进入中国4年后得加速了》，界面新闻，2023年6月14日，https://www.jiemian.com/article/9579222.html。
2. 《自有品牌成为山姆"追赶"开市客的关键》，新浪财经，2024年7月1日，https://finance.sina.com.cn/roll/2024-07-01/doc-incarhak3095215.shtml。

业的自有品牌销售占比从2018年的3%增长到2022年的5%，呈逐年上升趋势。[3] 国内多个零售企业陆续布局自有品牌，比如盒马旗下的盒马Max，叮咚买菜旗下的良芯匠人等等。

然而，中国自有品牌起步较晚，近些年，尽管国内零售企业加大了对自有品牌商品的开发力度，总体而言，自有品牌的销售占比还远不及全球平均水平，企业的自有品牌战略模糊[4]也导致发展自有品牌困难重重。对于中国零售尤其是零售电商企业来说，如何在这个超过千亿规模市场里争取一席之地，已成为企业亟须解决的战略问题。

埃森哲在《定制化生产：数字经济时代下一个十年的制造新业态》报告中指出，[5] 零售电商通过打通全链路，可以构建起以消费者为中心的三大生态（见图一），为消费者提供清晰且一致的价值主张，以此明确自有品牌战略与商业模式，在"消费者主权"下掌握制胜先机，并在价值链中形成正循环，以获取可持续的长期收益。

决胜关键：建立五大优势

在深入理解并分析国内零售企业在开发自有品牌过程中的痛点难点以及借鉴领先实践的基础上，埃森哲认为，中国零售电商在发展自有品牌时，需要从以下五个方面建立核心竞争优势。

一、建立全新零售商业模式

从传统零售到自有品牌，零售商通过整合价值链与优化能力组合，应对不断变化的消费者需求，推动"品类驱动、以品择商、人货匹配"的持续创新。

在传统商超时代，零售巨头发展自有品牌，通常采用整合价值链的方式，包括OEM形式，即与代工厂合作，委托生产并贴牌；ODM形式，即与生产商合作，开发新产品；以及自建工厂，掌握全部设计、研发与制造。

相比于传统商超时代，在数字经济时代发展自有品牌，则更需要零售企业借助数字化技术洞察消费者需求，通过前端品牌与后端制造的协同合作，共同组织产销活动。零售电商在这方面具备"数字原生""全链路"的先发优势。

3. 《2023中国商超自有品牌案例报告》，中国连锁经营协会，2024年1月5日，http://www.ccfa.org.cn/portal/cn/xiangxi.jsp?id=445170&type=33。
4. 《中国自有品牌的最新调查发现与展望》，联商网，2023年11月30日，http://www.linkshop.com/news/2023512049.shtml。
5. 《定制化生产：数字经济时代的制造新业态》，埃森哲，2023年3月30日，https://www.accenture.cn/cn-zh/insights/local/zhanwang-202301-c2m。

图一 DTC、OMO、单客经营模式

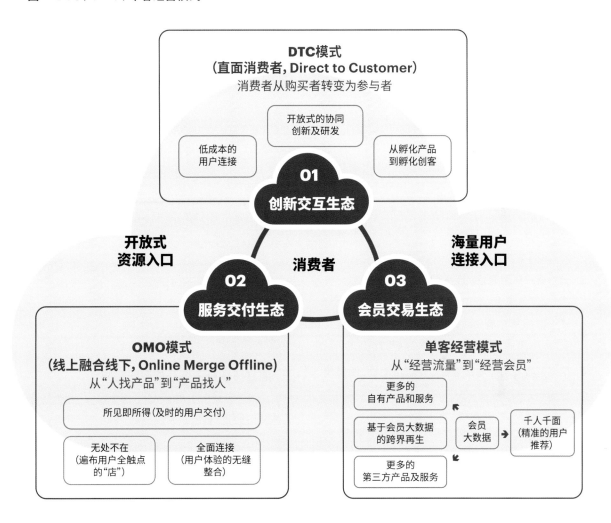

二、通过寻源打造差异化货盘

寻源采购的核心是挖掘消费者需求，明确品类定义，以品择商，规划货盘。我们发现电商企业在自有品牌寻源采购流程中，面临一些共同的挑战，包括：只用一方销售数据进行消费者分析，数据滞后且有很大局限性；缺乏用户行为分析模型，难以挖掘用户选购某类别、子类别或品牌的关键因素，以及购买行为背后更深层次的需求洞察；缺乏检视现有商品组合、挖掘空白点的方法论，导致企业难以精简产品组合以满足消费者多样化需求；寻源时SKU定义不明确，无法确保新商品具备独特属性的同时，还能避免蚕食其他产品销量；寻源后无法确保采购与上市计划顺利落地，比如窗口期选择失误、新品上线节奏不合理等。

领先企业的实践包括：通过采集海量消费者个性化需求，形成数据资产，建立模块化分级分类矩阵；围绕消费者行为与整体货盘进行SKU定义；同时，通过业务流程整合、数据库规则映射、订单路由等数字化手段整合生产交付资源，从而以低成本但高质高效的批量生产提供定制产品。

埃森哲认为企业可以采取以下五个步骤的关键行动应对挑战：

1. **通过多维度数据分析，**了解客户特征及消费需求。收集客户的年龄、性别、区域等信息，结合O2O、智慧门店和会员制等手段，构建客户行为数据和用户模型，同时整合行业趋势和社交媒体数据，洞察市场流行趋势，以抢占市场先机。

2. **分析客户需求属性，理解购买动机。**评估和分析关键属性（重量、颜色、口味等）以推断特定类别/子类别/品牌的客户购买行为，并基于产品和类别属性，创建满足相同需求的SKU逻辑分组。

3. **挖掘消费者购买决策背后的深层次动机，明确属性加权。**利用机器学习技术确定客户需求单元中属性的权重，并据此确定客户偏好的优先级，同时进一步细分主要属性相对于次要属性的重要性。

4. **优化商品组合，满足消费者差异化需求。**区分独特销售与可转让销售的产品，通过属性强度估算每个SKU的增量，同时运用情景分析，基于销售额、毛利和库存数量等关键目标与约束，优化产品列表以提升整体绩效。

5. **通过新商品引入，实现商品组合优化。**分析消费者洞察和竞品表现，确定具有高潜力的品类和商品以及新商品趋势，以推动销售增长，并采用"买手制"，激励培养选品与采购专家，同时确保寻源采购、供应商准入和新品上市等流程的协同，以顺利推出新品。

案例研究

某全球时尚电商企业通过数字化运营，整合线上数据和线下门店销售数据，以获取最新时尚元素，并将得到的元素进行组合设计，把结果反馈给供应商，他们要求供应商能够接受短交货期、小批量、多种类订单，然后将这些产品投入市场。同时，该企业还在设计、生产、销售等环节全链路融入AI，构建独立自主的推新能力，运用算法实时测试，App推动新品销售，新品反哺App流量，通过终端数据反馈，增加"爆款"的产量，快速返单，以此实现利润最大化。

三、建立持续打造爆品的产研管线

新品研发是通过行为分析、需求挖掘、场景研究等方式，找寻微创新机会，在细分市场中发现消费者未被满足的需求。

我们发现，自有品牌在新品研发方面临着多种挑战。例如，缺乏细分用户数据以及对痛点的深入理解，难以区分真实需求和"伪需求"；缺乏对消费者购买意愿的合理评估，导致聚焦的细分市场无法为规模化生产与可营利性提供足够的支持；对竞品了解不足，或对将要研发的SKU定义不清晰，导致挤占现存SKU需求。部分企业试图引入新工具提高产研效率，但难以利用数据洞察和AI来辅助设计或进行设计纠偏。还有些企业发现现有产线或供应商合作模式不能满足设计或批次需求，导致新品无法投产，或投产后交付能力不足。同时，较之成熟品类，新品对各渠道各环节协同、控制库存风险等方面提出了更高要求。

领先企业正通过对历史订单、终端客户访问量、渠道销售数据等进行全方位消费者洞察分析，探索消费者需求和市场供求变化趋势，主动推出个性化"爆款"产品，不断夯实直面消费者的能力，从而实现从满足消费者需求，到逐步管理和引导消费者需求的蜕变。

埃森哲认为企业可以采取以下五项关键行动应对挑战：

1. **聚焦细分群体，探究未被满足的需求。**通过内外部渠道获取用户洞察，聚焦特定消费群体如孕妇、养宠物的年轻打工人、行动不便的老年人等，透过现象看本质，通过问卷调查、焦点访谈、参与式观察等手段深入了解他们对特定品类的刚需和真实痛点，以及现有产品的不足。

2. **洞察垂类需求，打动细分群体。**依据现有产品和零售经验进行SKU规划，进行价值研究和判定，通过广泛调研确保渠道内无替代解决方案，明确SKU定义，针对细分人群、需求、场景，确保实现产品差异化。

3. **围绕价值进行设计。**挖掘消费者愿意埋单的价值点，依据可获得的资源，设计开发流量产品，包括但不限于价值与定位设计、功能与体验设计、规格与包装设计、安全与环保设计。同时突出价值主张，平衡成本与质量。

4. **建设柔性供应链。**与现有或新供应商合作进行试生产，包括产线改造、打样测试、产品迭代、生产计划、质量控制等，并通过内外部小批次测试后于指定渠道进行产品铺货上线。

5. **完善上架流程、创新营销活动，为新品落地保驾护航。**采用小批快跑策略，综合利用精准触达、内容互动、社群运营、奖励促销等手段吸引用户关注与购买，及时收集用户反馈，持续进行品类迭代与升级。

案例研究

一种叫作"闺蜜机"的新产品正在悄悄升温，近一年销售额同比增长2732%。所谓"闺蜜机"，就是由一块屏幕和一个可以推动的落地式底座构成的移动屏幕，屏幕可旋转、整机可移动，集平板、电视、健身镜、学习机、超大音箱于一身。这一产品主要针对女性受众，最大亮点就是极具吸引力的使用场景直戳用户痛点。此产品并非针对主流用户，而是为了满足更小众的、更进阶的需求。像这样基于实际使用场景、以提升用户体验为核心而设计的新产品，在未来仍是值得重视的研发方向。

四、完善端到端产品质量管理体系

相对于其他品牌，自有品牌对零售商质量管理要求更高，企业应加强产品源头把控，动态监控流通、入库至销售各个环节的商品质量，通过系统化的方法对异常情况进行归因，迭代质量管理体系。

我们发现，电商自有品牌在质量管理上，还存在很大的提升空间。部分企业商品质量管理理念落后，品控管理仍依赖于消费者个别客诉来推动改进。一些电商的供应商信息化程度低，产品信息数据不准确；供应商生产方式之间存在差异，其中部分供应商生产方式不可持续，部分产业（如养殖、种植）的加工信息不透明，难以追溯。此外，运输过程中的储运环境及产品监控技术同样也亟待提升，如冷链物流、仓储环境监控等方面。

领先企业正利用人工智能、机器学习、边缘计算、云计算等领先技术，辅助企业实现透明化供应链、敏捷化智能决策，它们通过构建智能工厂、智慧物流、智能交易等数字化场景，打通端到端数据和决策路径，使线上资源整合与端到端质量管理成为可能。

埃森哲认为，企业可以采取以下关键行动，改善自有品牌产品质量管理：

1. **加强源头把控。** 通过制定高于行业标准的规范和生产手册，进行多层次考核，提前评估和预警风险，采用电子信息化溯源和建设质量安全体系，并对供应商进行质量管理理念培训，同时改善运输至入库流程，提高员工对零售门店出货环境的监控及时性，加快异常品识别和召回速度。

2. **监控流通环节产品质量。** 确保运输时效性和产品安全性，对特殊品类如冰鲜商品使用专业设备监测，并建立涵盖装箱、运输环境、温度等关键环节的一套运输规范。

3. **采用出货动态监控。** 在电商运营环节（仓库、门店、网店等）进行软硬件改造以实现出货动态监控，实施分类管理，如食物的分色管理，以及定期的产品抽检和盲检。

4. **分类分级、合理处置不合格品。** 针对异常情况召回并溯源具体生产信息，评定严重程度，进行归因分析，并提出整改方案。

5. **持续优化、迭代质量管理体系。** 收集客户对产品质量的反馈，以提升产品质量，对追溯链断裂的商品进行归因分析和供应商重新评估，同时关注法律法规的最新动向，确保质量管理体系的自我迭代和更新。

案例研究

某全球零售企业从前端寻源监控到终端交付，建立了多维度的全面质量管控体系，不断自我迭代，打造供应链优势，为客户提供具有超级性价比的全品类自有品牌产品。以其对食品的质量管理为例：

- 供应商管理：寻源遵守《企业责任原则》中所载可持续发展标准，及产品所在地区的区域性法律标准；产品规格信息准确记录在系统中；每种产品必须通过技术服务提供商（TSP）的产品测试并获得供应许可（CTS）；必须获得全球食品安全倡议（GFSI）认证并提供有效期内的认证证书及审核报告。

- 生产与流通管理：通过现场检测、样品试吃及实验室测试等多种方式进行产品测试与生产过程监测；员工接受卫生检查，并定期开展商品知识等主题培训，特殊货品在运输和储存过程中均遵循相应的标准。

- 政策分析与风险管理：密切关注热点事件与法律法规，并就供应商的实施情况向采购部门提供专业建议，进行自我迭代，提升质量管理水平，利用精准的溯源体系进行预测性风险防范。例如，对供应商产品进行预防性氟虫腈专项调查，并召回不合格产品。

- 售后反馈：根据客诉信息调整产品配方，比如，麦片、果脯等产品的含糖量等。

五、打造适应性组织与流程

零售电商的组织模式多样，自有品牌业务需要保持灵活性和适应性，并有针对性地设计和制定符合自身特点的组织模式。通常，在自有品牌初创期，作为零售商、电商内部创业小组，自有品牌团队拥有端到端的职责。在发展阶段，自有品牌团队将逐渐发展成"前后协同"的模式，产品小组将拉动物流、供应商管理等支撑职能。

在高度发达的自有品牌市场中，需要有集中化的团队来管理差异化的品牌标准和创新流程，包括建立

以产品小组为核心的柔性组织，对外直接管理消费者需求，对内全面协调生产、物流、采供、预算等，整合企业内部资源；以及集中化的采购和质量保证团队，为新设计的产品定义规格、选择供应商，并在成本和质量之间寻求最佳平衡。

电商自有品牌发展也离不开流程支持。埃森哲领先的端到端电商及零售核心业务能力蓝图及流程框架（见图二），能够帮助零售电商查漏补缺，识别能力提升机会点，构建适应数字经济时代的流程体系，赋能企业释放自有品牌潜能。

图二 埃森哲电商及零售核心业务能力蓝图及流程框架

变则通，不变则痛。放眼全球，开源节流、提质增效等压力已经将新零售电商逼到墙角，自有品牌成为企业在激烈竞争中脱颖而出的关键。零售商需要立刻行动，从消费者需求出发，通过引领"新消费"，反哺"新质生产力"，为企业乃至整个价值链创造更大价值。

陈珊
埃森哲大中华区战略与咨询事业部董事总经理

吴欣逦
埃森哲大中华区战略与咨询事业部总监

张月
埃森哲大中华区战略与咨询事业部经理

业务垂询：contactus@accenture.com

生成式AI重塑
电商市场营销

文 陈继东、于雅、何珊

提要

过去十余年，电商行业通过销售和采购的数字化，极大地推动了实体经济的全链条数字化，并一直处于实体经济数字化转型的最前沿。电商行业领先者不仅借助平台经济之力在国内促成了支付、广告、物流等数字市场的无缝连接，孕育出跨领域共生的新型商业模式，而且在全球舞台上分享了领先实践和丰富经验。

近年来，随着全球宏观经济环境日益复杂，电商之间的竞争也日渐激烈，流量分散化和市场同质化趋势凸显，企业不仅要致力于满足客户需求，还必须在有限资源下实现更高的效益。身处营销、销售和服务前线的从业者深刻感受到利用技术引领创新的迫切性，尤其随着生成式AI快速发展，其广泛应用正在重塑市场营销，给电商行业带来更多想象空间。

生成式AI开创新格局

对于当下的中国电商平台来说，一大难题是不断攀升的客户获取成本。据统计，国内主流电商平台的平均获客成本已高达800元人民币。[1] 尽管中国仍然是全球规模最大的单一市场之一，但是中国电商必须寻求新的增长领域——未来十年，包括孟加拉国、埃及、埃塞俄比亚、印度在内的八个快速增长的国家将出现超过10亿的新一代数字原生消费者，为全球企业创造新的增长领域。[2]

生成式AI大规模运用开创了新的格局，既能提升内部效率和生产力，也促进了外部市场扩张和客户互动。产品创新部门可以实时了解客户反馈，及时调整研发工作重心。营销部门得以清楚了解产品的目标客群，为他们量身定制个性化体验，让市场活动创意无穷。通过AI的支持，销售和服务能够达到一个全新的层面，让客户感受到自己被重视和理解。生成式AI还能将客户价值链各环节产生的洞察相互关联起来，形成联动效应，进而帮助企业在业务和人之间建立大量有意义的联系，最终推动业务增长。

埃森哲调研发现，90%的受访高管预期生成式AI将彻底重塑其所在行业以及与客户互动的方式，领先企业在使用生成式AI来识别新的、未被满足的客户需求方面，可能性相比其他企业要高出3.7倍。[3] 它们整合海量的客户和市场数据，兼顾负责任的AI框架和实践，获得独特洞察，可用于测试和开发产品概念。迄今为止，与埃森哲合作的客户在数据处理时间上最高节省了80%，新产品和服务的上市速度提高了40%。[4] 为缓解当前的经营压力，同时抓住新的市场机遇，中国电商已经开始应用AI技术探索营销场景，包括智能选品、AI导购、智能营销和智能客服等。

1. 《四家主流电商平台获客成本速览：均值800元，阿里去年已达1302元》，钛媒体，2023年8月18日，https://www.tmtpost.com/nictation/6666512.html。
2. 《下一个十亿消费者》，埃森哲，2023年，https://www.accenture.com/us-en/insights/song/next-billion-consumers。
3. 《生成式AI：重塑客户增长》，埃森哲，2024年3月25日，https://www.accenture.cn/cn-zh/insights/song/generative-ai-customer-growth。
4. 根据埃森哲Song生成式AI项目计算得出的平均值和范围，数据截至2024年2月1日。

然而，在帮助企业探索转型路径的过程中，埃森哲发现，大多数企业并没有为全链路市场营销重塑做好准备，他们面临的主要挑战包括：

缺乏战略支持导致信心不足。 埃森哲研究发现，由于没有成熟的数据和数字核心战略，仅有17%的中国高管对有效利用生成式AI"非常有信心"。[5] 不仅如此，相较于全球54%的比例，只有不到一半的中国企业（43%）期望在未来三年内通过生成式AI彻底重塑市场营销。[6] "期望不高"和"信心不足"揭示出中国企业需要在生成式AI技术落地方面高度重视整体战略规划。

难以实现根本性创新。 尽管领先企业看好生成式AI在营销领域能带来根本性创新的巨大潜力，但是实现这样的创新并非一蹴而就，生成式AI虽然能够创作出新颖的内容，但在模拟人类创造性思维、直觉和情感的深度与细腻度方面仍然存在局限。通过访谈，埃森哲发现，大多数电商专家表示直接通过生成式AI推动更深层次创新的道路非常漫长。因此，根本性的创新还需要从高管层面建立有效机制，深入理解市场需求，因地制宜推动应用。

伦理和责任归属问题叠加。 生成式AI逐渐打破不同生态间的合作壁垒，机遇增加的同时，风险也在叠加。一方面，为了有效触达用户对大量用户数据的收集和分析，可能引发数据泄露和隐私侵犯；另一方面，由于合成内容增多，消费者对AI生成的推荐和评价持怀疑态度，也可能影响品牌信誉。

埃森哲认为，造成以上挑战的原因之一在于大多数电商只是针对具体问题或需求，专注特定场景或环节的AI应用，而忽略了营销全链路的整体业务需求。然而，重塑市场营销需要跨部门和团队的协作，确保实现AI全面且持续的商业价值。因此，电商企业需要转变策略，从单一AI应用转向整体营销价值链能力的提升。

即刻重塑，解锁AI价值

根据现有的生成式AI项目经验，埃森哲发现，企业在营销、销售和服务领域有着重大机遇和强劲需求。将生成式AI应用于能够增加客户价值的领域，不仅可以有效提升效率，还能获得洞察并催生创新。在生成式AI时代，电商企业重塑市场营销需要聚焦三大要务。

一、构建以价值为导向的AI能力框架

大多数企业在开始应用生成式AI时，首先会进行概念验证（POC），这是评估技术实际效果和可行性的重要步骤。然而，我们也发现，一些企业在试点阶段停滞不前，无法迈向下一步规模化应用。这通常是因为它们对营销全链条上AI价值赋能点缺乏清晰的认识，无法制订切实可行的下一步行动方案。

为解决这一问题，电商应该着手构建一个高度结构化、系统化的AI能力框架，从业务增长的角度出发，深入分析并识别出价值链中哪些环节和场景最能从AI技术的应用中获益（见图一），量化每个潜在的AI赋能点对业务的具体贡献，并制定优先级。

值得注意的是，电商市场营销的价值链是动态的，因为在线购物者的偏好会随着流行文化、社会趋势和经济状况快速变化；同时，新技术的涌现、新竞争者的加入以及现有竞争者的策略调整，需要电商企业不断地审视和优化其市场营销价值链，使其具备灵活性和适应性。

5. 《埃森哲变革脉动调研》，埃森哲，2024年7月22日，https://www.accenture.com/us-en/insights/pulse-of-change。
6. 《生成式AI时代的重塑》，埃森哲，2024年1月11日，https://www.accenture.com/us-en/insights/consulting/total-enterprise-reinvention。

图一 生成式AI在市场营销领域的用例

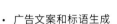

品牌与创意	营销内容策划	营销推广及优化

生成式AI
在市场营销
领域的用例

品牌与创意
- 内容创意
- 内容策略规划
- 关键词搜索
- 产品样式设计
- 产品发现与搜索个性化
- 基于平台的自动视频生成
- 照片增强
- 视觉叙事
- 依据提示词生成草稿和设计
- 图像和视频编辑自动化

营销内容策划
- 广告文案和标语生成
- 博客文章生成
- 社交媒体帖子生成
- 产品描述
- 网站文案
- 视频脚本生成
- 交互式内容生成
- 聊天机器人对话
- 个性化电子邮件文案编写
- 语言翻译

营销推广及优化
- 内容推荐和个性化
- 内容绩效分析和洞察生成
- 面部识别和情感分析及洞察生成
- 视觉搜索优化
- 一对一精准投放
- 个性化落地页
- 用户体验优化
- 自动客户支持
- 常见问题解答
- 基于位置的数字广告

与许多企业类似，埃森哲自身的市场营销部门也在拥抱AI转型。我们正在整合各种数据，并对其加以现代化处理，打造一个支持实时决策的平台。为了确定生成式AI具体可在哪些领域带来更多价值，我们使用了埃森哲专利评估工具AI Navigator进行转型规划。这一工具在其他职能和行业同样适用。

埃森哲对Writer平台的投资在推动我们自身的内容供应链的发展方面发挥了关键作用。Writer可以对内容进行精炼与重塑，提供个性化文本，让用户易于上手，提升创作和运营效率。在最初的700人试点中，我们发现这个工具能够帮助营销人员节省大量时间，具体程度取决于用例。我们通过生成式AI有效赋能自身，推动营销创新部门转型为策略导向型团队，而不仅仅是执行团队。

二、整合营销链路中的数字核心

生成式AI技术的日趋成熟正在对电商行业产生深远影响，为营销价值链的各个环节带来全新的机遇和挑战。随着技术的持续进步，从应用开发到微调、基础模型、数据处理和基础设施建设等各个层面都将快速演变，这将为电商营销领域带来巨大变革。

数字核心是打造客户关联度的引擎。它汇集了企业所知的全部客户信息，包括第一方、第二方和第三方数据。数字核心借力生成式AI聚势，帮助企业探索如何为客户提供更有意义的体验，企业能更好地理解数字核心对于业务的意义。这有助于确保技术实施的每一步都紧密贴合提升客户关联度这一目标，将架构设计、技术选型、安全措施以及生成式AI作为核心支撑技术，有机融合到一起，形成一个紧密协同的数字核心系统。

电商本来就具有平台企业的独特优势，为了保持增长势头，电商企业必须对整个营销价值链的数据，包括用户浏览行为、购买历史、用户反馈等进行统一、集中的管理，以便进行深入分析，为消费者提供个性化服务，此外也要确保数字核心各项技术要素有效整合与激活，实现高效管理与协同。

三、负责任地应用AI

随着生成式AI技术的快速迭代，电商企业需要与营销价值链上各类生态伙伴紧密合作，确保AI技术的应用符合伦理标准并遵守法律法规。

这一方面体现在对消费者数据的保护上。在全球化的市场环境中，电商企业需要处理和分析大量的个人数据，以提供个性化的购物体验。负责任的AI能够确保这些数据的安全，防止数据泄露和滥用，同时尊重消费者的隐私权。

另一方面，通过透明的算法和可解释的决策过程，避免偏见和歧视。确保所有消费者都能得到平等的服务和机会，这对于建立消费者信任和提升品牌形象至关重要。电商企业需要从全球化思考、本地化运营的角度出发，了解不同地区的文化、法规和消费习惯，遵守当地数据安全相关法律法规，提供个性化且合规的服务，这样，出海电商才能更安全合法地融入当地商业环境，避免"水土不服"。

在电商企业应用AI全面重塑的过程中，市场营销环节显得尤为迫切和关键，因为它直接影响到客户体验和企业的最终收益。电商企业应将AI技术全面融入营销价值链的每一个环节，从而推动业务创新。以价值为导向，整合营销链路中的数字核心并实现负责任的AI，这些成功要素将是中国电商企业在全球市场中赢得新一轮竞争优势的关键。

陈继东
埃森哲大中华区战略与咨询事业部董事总经理、高科技与互联网平台行业负责人

于雅
埃森哲商业研究院技术研究经理

何珊
埃森哲商业研究院软件与平台行业研究员

业务垂询：contactus@accenture.com